손으로 익히는

중국어 간체자 바로 쓰기 1000

시사중국어사

손으로 익히는

중국어 간체자 바로 쓰기 1000

초판발행	2022년 8월 25일
1판 3쇄	2024년 2월 20일
편저	중국어공부기술연구소
편집	엄수연, 최미진, 연윤영, 高霞
펴낸이	엄태상
디자인	김지연
조판	이서영
콘텐츠 제작	김선웅, 장형진
마케팅본부	이승욱, 왕성석, 노원준, 조성민, 이선민
경영기획	조성근, 최성훈, 김다미, 최수진, 오희연
물류	정종진, 윤덕현, 신승진, 구윤주
펴낸곳	시사중국어사(시사북스)
주소	서울시 종로구 자하문로 300 시사빌딩
주문 및 문의	1588-1582
팩스	0502-989-9592
홈페이지	http://www.sisabooks.com
이메일	book_chinese@sisadream.com
등록일자	1988년 2월 12일
등록번호	제300 - 2014 - 89호

ISBN 979-11-5720-226-3 13720

머리말

이 책은 한자 문화권에 익숙한 우리가 중국어를 배우는 데 있어서 다소 낯선 간체자를 익히는 데 도움이 되고자 만들었습니다. 중국어 간체자는 중국 및 세계 각지에서 쓰는 필획을 간소화한 한자입니다.

중국어의 간체자는 약 2,200자가 넘지만 실제로 많이 쓰이는 간체자는 1,000자 안팎이고 또 이 중 대부분은 부수를 간소화한 글자도 상당수가 있기 때문에 크게 염려할 바는 아닙니다. 다만 전혀 생소한 글자도 많이 있어 간체자의 기본 형태를 익히는 것은 중요하다고 봅니다.

우리나라 사람들은 알게 모르게 배운 한자 실력 덕분에 비교적 쉽게 중국어를 배울 수 있지만 우리가 익숙한 한자와 형태가 다른 간체자를 볼 때 어려움을 겪게 되는 것은 당연합니다.

이에 중국공자학원(中国孔子学院)과 중국국가한반(中国国家汉办)에서 대외한어교학의 규범화를 위해 연구 제작한 상용한자 1~4급 한자 1,000개를 이 책에 실었습니다. 그리고 그와 관련된 상용 단어와 급수별 연습문제를 실어 학습 효과를 높였습니다.

이 책을 통해 기초부터 탄탄히 공부하여 여러분의 중국어 학습에 도움이 되기를 바랍니다.

중국어공부기술연구소

목 차

이 책의 구성

간체자 쓰기

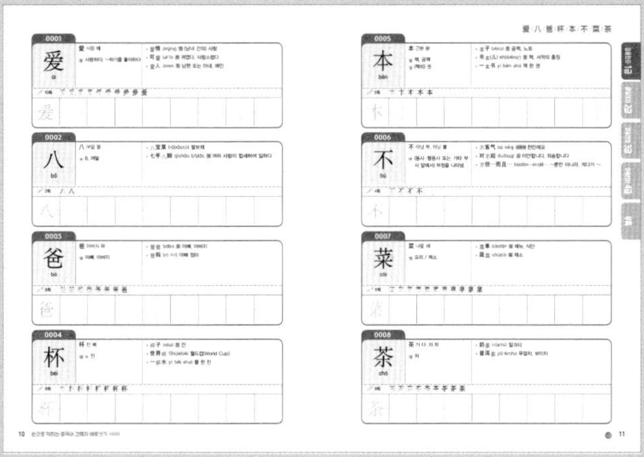

- 1급 150자, 2급 150자, 3급 300자, 4급 400자 총 1,000자의 상용한자를 수록하였습니다.
- 간체자와 번체자를 병기하여 비교하며 학습할 수 있습니다.
- 필순을 보며 쓰기 연습과 함께 연계된 상용 단어를 학습할 수 있습니다.

급수별 연습문제

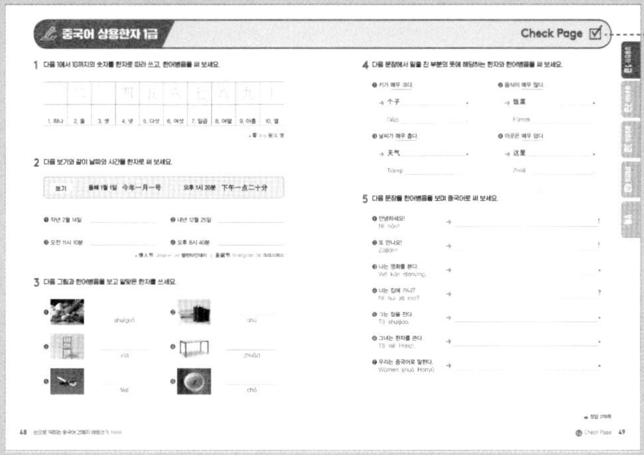

- 급수별 Check Page를 통해 단어의 뜻과 용법을 학습할 수 있습니다.

부록

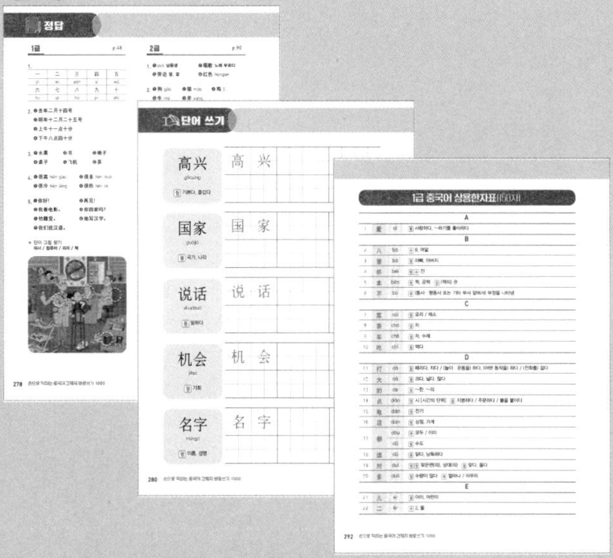

- 부록에 Check Page 정답, 단어 쓰기, 색인을 수록하였습니다.

간체자와 번체자

중국어를 접하게 되면 가장 먼저 드는 생각이 '중국어 한자는 한자는 한자인데, 평소 우리가 접하던 한자와 다르다'일 겁니다. 그럼 중국어 한자는 무엇일까요?
현재 중국에서 쓰고 있는 중국어 한자는 예전에 쓰던 복잡한 한자인 번체자(**繁体字**)를 간소화시킨 간체자(**简体字**)입니다. 한자가 어렵고 복잡하여 중국 내 문맹률이 점점 높아지게 되자, 1956년 중국 정부에서는 복잡한 한자의 필획을 줄이고 자형을 간단하게 만드는 ≪한자간화방안(**汉字简化方案**)≫을 발표하게 되었습니다. 이때 만들어진 한자가 바로 오늘날 중국에서 사용하고 있는 한자인 간체자입니다. 하지만 '중국어 한자 = 간체자'는 아닙니다. 간단히 할 필요가 없는 원래 간단한 한자도 있기 때문에, '중국어 한자'라는 말은 필획을 간단히 만든 '간체자'와 원래 획이 간단한 '정자'를 통칭한다고 이해하면 쉽습니다.

☑ **간체자란?** '简(간단)体(모양)字(글자)'

간체자는 중국에서 사용되고 있으며, 한자의 구조나 필획을 간략하게 하여 사용하기 편리하도록 만든 글자이다.

☑ **번체자란?** '繁(복잡)体(모양)字(글자)'

번체자는 한국 · 대만 · 홍콩 · 마카오에서 사용되고 있으며, 간화 되기 이전의 필획이 복잡한 한자를 뜻한다.

간체자	번체자
国点语	國點語

간체자를 만드는 8가지 방식

간체자라고 해서 무조건 한자를 간단하게 줄이는 것이 아니라, 특정한 원리나 방법을 가지고 줄입니다. 따라서 특정 글자의 간체자를 기억하면, 뒤에 이어 나오는 많은 글자들은 그 방법에 따라 같이 간화 되기 때문에 쉽게 간체자를 익힐 수 있습니다.

다음 간체자를 만드는 8가지 방식을 같이 살펴봅시다.

1	일부 특징적인 부분만 남겨 씀	開 → 开　聲 → 声　廣 → 广 氣 → 气　飛 → 飞　電 → 电
2	복잡한 부분을 간단한 부호로 대신해 씀	風 → 风　區 → 区　劉 → 刘 對 → 对　賣 → 卖　漢 → 汉
3	속자나 고자를 차용하여 씀	國 → 国　萬 → 万　個 → 个 長 → 长　書 → 书　東 → 东
4	같은 음을 가진 한자로 대신하여 씀	裏 → 里　幹 → 干　豊 → 丰 發 → 发　優 → 优　藥 → 药
5	성부(소리를 나타내는 부분)를 간단히 바꾸어 씀	種 → 种　鐘 → 钟　礎 → 础
6	획수가 적은 회의자로 조합해 만들어 씀	體 → 体　陰 → 阴　陽 → 阳
7	이미 간화된 글자/ 부수를 기본으로 간화하여 씀	車 → 车 : 連 → 连　庫 → 库 貝 → 贝 : 敗 → 败　貧 → 贫 門 → 门 : 問 → 问　間 → 间 見 → 见 : 觀 → 观　覺 → 觉 馬 → 马 : 嗎 → 吗　媽 → 妈 金 → 钅 : 鐵 → 铁　銹 → 锈 食 → 饣 : 飯 → 饭　餓 → 饿 言 → 讠 : 語 → 语　說 → 说 糸 → 纟 : 編 → 编　糾 → 纠
8	별도로 새로운 글자를 만들어 씀	義 → 义　關 → 关　畢 → 毕

중국어 한자의 필순 기본 규칙

위 → 아래 → 좌 → 우

1	위에서 아래로	二	不	车
2	왼쪽에서 오른쪽으로	儿	八	川
3	획이 겹칠 때는 가로획 → 세로획	干	十	大
4	삐침과 파임이 만날 때는 삐침을 먼저	人	入	天
5	위로 둘러싼 모양은 바깥쪽을 먼저	网	肉	周
6	아래로 둘러싼 모양은 안쪽을 먼저	画	脑	幽
7	전체가 둘러 쌓인 글자의 입구는 마지막에	国	回	四
8	글자 전체를 꿰뚫는 획은 나중에	中	书	手
9	좌우가 대칭되거나 가운데가 돌출한 획은 가운데 먼저	小	水	山
10	오른쪽 위의 점은 나중에	成	我	发
11	받침은 나중에 *** 받침 중에서도 '走/是' 등은 먼저**	这 起	边 题	还

품사 약어표

명	명사	이름·개념 등을 나타냄	조	조사	시제·상태·어감을 표현함
대	대명사	인칭·지시·의문 대명사 등을 가리킴	접	접속사	단어·구·절을 연결함
수	수사	숫자 표현을 가리킴	전	전치사 (개사)	명사와 대명사 앞에 쓰여 시간·장소·대상 등을 나타냄
양	양사	사람이나 사물 등의 수를 세는 단위를 가리킴			
동	동사	동작이나 상태를 설명함	감	감탄사	감정을 나타내는 말을 가리킴
조동	조동사	동사 앞에서 의미를 더함	접두	접두사	어떤 단어의 앞에 첨가되어 새 단어를 이룸
형	형용사	성질·모습·상태를 설명함	접미	접미사	어떤 단어의 뒤에 첨가되어 새 단어를 이룸
부	부사	동사와 형용사 앞에서 정도·시간·상태 등을 나타냄	성	성어	교훈이나 유래를 나타냄

1급

상용한자

☑ 150자

1급 원어민 발음 듣기

0001

爱
ài

愛 사랑 애

동 사랑하다, ~하기를 좋아하다

- 爱情 àiqíng 명 (남녀 간의) 사랑
- 可爱 kě'ài 형 귀엽다, 사랑스럽다
- 爱人 àiren 명 남편 또는 아내, 애인

10획 爱 爱 爱 爱 爱 爱 爱 爱 爱 爱

爱

0002

八
bā

八 여덟 팔

수 8, 여덟

- 八宝菜 bābǎocài 팔보채
- 七手八脚 qīshǒu bājiǎo 성 여러 사람이 합세하여 일하다

2획 八 八

八

0003

爸
bà

爸 아버지 파

명 아빠, 아버지

- 爸爸 bàba 명 아빠, 아버지
- 爸妈 bà mā 아빠 엄마

8획 爸 爸 爸 爸 爸 爸 爸 爸

爸

0004

杯
bēi

杯 잔 배

명 수 잔

- 杯子 bēizi 명 잔
- 世界杯 Shìjièbēi 월드컵(World Cup)
- 一杯水 yì bēi shuǐ 물 한 잔

8획 杯 杯 杯 杯 杯 杯 杯 杯

杯

0005

本
běn

本 근본 본

명 책, 공책
양 (책의) 권

- 本子 běnzi 명 공책, 노트
- 书本(儿) shūběn(r) 명 책, 서적의 총칭
- 一本书 yì běn shū 책 한 권

5획 本 本 本 本 本

本

0006

不
bù

不 아닐 부, 아닐 불

부 (동사·형용사 또는 기타 부사 앞에서) 부정을 나타냄

- 不客气 bú kèqi 상투어 천만에요
- 对不起 duìbuqǐ 동 미안합니다, 죄송합니다
- 不但…而且… búdàn…érqiě… ~뿐만 아니라, 게다가 ~

4획 不 不 不 不

不

0007

菜
cài

菜 나물 채

명 요리 / 채소

- 菜单 càidān 명 메뉴, 식단
- 蔬菜 shūcài 명 채소

11획 菜 菜 菜 菜 菜 菜 菜 菜 菜 菜 菜

菜

0008

茶
chá

茶 차 다, 차 차

명 차

- 奶茶 nǎichá 밀크티
- 普洱茶 pǔ'ěrchá 푸얼차, 보이차

9획 茶 茶 茶 茶 茶 茶 茶 茶 茶

茶

0009

车

chē

車 수레 차, 수레 거

명 차, 수레

- 出租车 chūzūchē 명 택시
- 公共汽车 gōnggòng qìchē 명 버스
- 火车站 huǒchēzhàn 명 기차역
- 自行车 zìxíngchē 명 자전거

4획 车 车 车 车

车

0010

吃

chī

吃 말 더듬을 흘

동 먹다

- 好吃 hǎo chī 맛있다, 맛나다
- 吃饭 chīfàn 동 밥을 먹다, 식사를 하다

6획 吃 吃 吃 吃 吃 吃

吃

0011

打

dǎ

打 칠 타

동 때리다, 치다 / (놀이·운동을) 하다, (어떤 동작을) 하다 / (전화를) 걸다

- 打篮球 dǎ lánqiú 농구를 하다
- 打扫 dǎsǎo 동 청소하다
- 打电话 dǎ diànhuà 전화를 걸다

5획 打 打 打 打 打

打

0012

大

dà

大 클 대, 큰 대, 클 태, 클 다

형 크다, 넓다, 많다

- 大家 dàjiā 대 모두, 다들
- 大巴 dàbā 명 대형 버스
- 大学 dàxué 명 대학
- 大量 dàliàng 명 형 대량(의), 다량(의)

3획 大 大 大

大

0013

的 de

的 과녁 적

조 ~한, ~의

- 我的 wǒ de 나의, 나의 것
- 漂亮的… piàoliang de… 예쁜 ~

8획 的 的 的 的 的 的 的 的

的

0014

点 diǎn

點 점 점, 시들 다

양 시 [시간의 단위]
동 지명하다 / 주문하다 / 불을 붙이다

- 十点 shí diǎn 10시
- 点名 diǎnmíng 동 출석을 부르다
- 点菜 diǎncài 동 요리를 주문하다
- 点火 diǎnhuǒ 동 점화하다, 불을 붙이다(켜다)

9획 点 点 点 点 点 点 点 点 点

点

0015

电 diàn

電 번개 전

명 전기

- 电脑 diànnǎo 명 컴퓨터
- 电视 diànshì 명 텔레비전
- 电影 diànyǐng 명 영화

5획 电 电 电 电 电

电

0016

店 diàn

店 가게 점

명 상점, 가게

- 商店 shāngdiàn 명 상점
- 饭店 fàndiàn 명 호텔, 식당
- 店员 diànyuán 명 점원

8획 店 店 店 店 店 店 店 店

店

0017

都
dōu / dū

都 도읍 도, 못 지

dōu 부 모두 / 이미
dū 명 수도

- 都吃 dōu chī 모두 다 먹다
- 都十点了 dōu shí diǎn le 이미 10시가 되었다
- 首都 shǒudū 명 수도

10획 都 都 都 都 都 都 都 都 都 都

都

0018

读
dú

讀 읽을 독, 구절 두

동 읽다, 낭독하다

- 读书 dúshū 동 책을 읽다, 독서하다
- 读者 dúzhě 명 독자
- 朗读 lǎngdú 동 낭독하다

10획 读 读 读 读 读 读 读 读 读 读

读

0019

对
duì

對 대할 대

명 형 맞은편(의), 상대(의)
형 맞다, 옳다

- 对面 duìmiàn 명 맞은편, 반대편
- 对方 duìfāng 명 상대방, 상대편
- 不对 búduì 형 틀리다

5획 对 对 对 对 对

对

0020

多
duō

多 많을 다

형 수량이 많다
부 얼마나 / 아무리

- 许多 xǔduō 형 매우 많다
- 多少 duōshao 대 얼마, 몇
- 多么 duōme 부 얼마나

6획 多 多 多 多 多 多

多

0021

儿 ér

兒 어진 사람 인, 아이 아

명 아이, 어린이

- 儿童 értóng 명 어린이, 아동
- 儿子 érzi 명 아들
- 女儿 nǚ'ér 명 딸

2획 儿 儿

儿

0022

二 èr

二 두 이

수 2, 둘

- 第二 dì èr 수 제2, 다음
- 二手 èrshǒu 명 조수, 보조
  형 간접적인, 여러 사람의 손이나 장소를 거친
- 二胡 èrhú 명 얼후, 이호 [현이 두 개인 중국 전통 악기]

2획 二 二

二

0023

饭 fàn

飯 밥 반

명 밥, 식사

- 米饭 mǐfàn 명 쌀밥
- 早饭 zǎofàn 명 아침밥
- 饭菜 fàncài 명 밥과 찬, 반찬, 식사

7획 饭 饭 饭 饭 饭 饭 饭

饭

0024

飞 fēi

飛 날 비

동 (비행기·미사일 등이) 날다, (곤충·새 등이) 날다

- 飞机 fēijī 명 비행기
- 起飞 qǐfēi 동 이륙하다

3획 飞 飞 飞

飞

0025

分
fēn

分 나눌 분, 푼 푼

양 분 [시간의 단위], 분 [수학]
동 나누다

- 一点十分 yī diǎn shí fēn 1시 10분
- 分开 fēnkāi 동 나누다

4획 分 分 分 分

分

0026

高
gāo

高 높을 고

형 (높이·기준이) 높다

- 高兴 gāoxìng 형 기쁘다, 즐겁다 동 기뻐하다, 즐기다
- 高级 gāojí 형 (품질·수준 등이) 고급인

10획 高 高 高 高 高 高 高 高 高 高

高

0027

个
gè

個 낱 개

양 개
형 단독의
명 (사람의) 키

- 一个 yí gè 한 개
- 个人 gèrén 명 개인
- 个子 gèzi 명 (사람의) 키

3획 个 个 个

个

0028

工
gōng

工 장인 공

명 일꾼, 노동자 / 노동, 작업

- 工作 gōngzuò 동 일하다, 작업하다 명 직업, 일자리
- 工资 gōngzī 명 월급
- 工厂 gōngchǎng 명 공장
- 工人 gōngrén 명 노동자

3획 工 工 工

工

0029

国 guó

國 나라 국

명 국가, 나라

- 国家 guójiā 명 국가, 나라
- 国籍 guójí 명 (사람의) 국적
- 中国 Zhōngguó 중국

8획 国 国 国 国 国 国 国 国

国

0030

果 guǒ

果 실과 과, 열매 과

명 과실, 열매 / (사물의) 귀결, 결과

- 水果 shuǐguǒ 명 과일, 과실
- 苹果 píngguǒ 명 사과
- 结果 jiéguǒ 명 결과 부 결국, 끝내

8획 果 果 果 果 果 果 果 果

果

0031

汉 hàn

漢 한수 한, 한나라 한

명 한 [유방(刘邦)이 세운 나라 (B.C.206~A.D.220)]

- 汉语 Hànyǔ 명 중국어, 한어
- 汉族 Hànzú 명 한족
- 汉朝 hàncháo 명 한나라
- 汉服 hànfú 명 중국 한족 전통 의복

5획 汉 汉 汉 汉 汉

汉

0032

好 hǎo / hào

好 좋을 호

hǎo 형 좋다, 낫다
hào 동 좋아하다

- 好人 hǎorén 명 좋은 사람, 착한 사람
- 好看 hǎokàn 형 아름답다, 근사하다, 보기 좋다
- 爱好 àihào 동 애호하다 명 취미, 애호

6획 好 好 好 好 好 好

好

0033

号
hào

號 이름 호, 부르짖을 호

명 번호

• 号码 hàomǎ 명 번호, 숫자
• 房号 fánghào 명 방 번호
• 学号 xuéhào 명 학번

5획 号 号 号 号 号

号

0034

喝
hē

喝 꾸짖을 갈, 목이 멜 애

동 마시다

• 喝水 hē shuǐ 물을 마시다
• 喝茶 hē chá 차를 마시다
• 喝酒 hē jiǔ 술을 마시다

12획 喝 喝 喝 喝 喝 喝 喝 喝 喝 喝 喝 喝

喝

0035

和
hé

和 화할 화

접 ~와(과)
형 평화롭다 / 부드럽다

• 我和你 wǒ hé nǐ 나와 너
• 和平 hépíng 명 평화
• 温和 wēnhé 형 (기후·성품·태도가) 온화하다, 따뜻하다, 부드럽다

8획 和 和 和 和 和 和 和 和

和

0036

很
hěn

很 패려궂을 흔

부 매우, 대단히, 아주

• 很好 hěn hǎo 매우 좋다, 대단하다, 훌륭하다
• 很快 hěn kuài 아주 빠르다

9획 很 很 很 很 很 很 很 很 很

很

0037

后
hòu

後 뒤 후, 임금 후

명 (시·공간의) 뒤, 후, 다음

- 后面 hòumiàn 명 뒤, 뒤쪽, 뒷면
- 后来 hòulái 명 그 후, 그 뒤, 그 다음
- 最后 zuìhòu 형 최후의
- 然后 ránhòu 접 그런 후에, 그 다음에

6획 后 后 后 后 后 后

后

0038

话
huà

話 말씀 화

동 말하다, 이야기하다
명 말

- 说话 shuōhuà 동 말하다
- 对话 duìhuà 동 대화하다, 담판하다
- 笑话 xiàohua 명 우스운 이야기 동 비웃다

8획 话 话 话 话 话 话 话 话

话

0039

回
huí

迴 돌아올 회

양 번, 회
동 돌아오다(가다) / 회답하다

- 一回 yì huí 일회, 한 번
- 回家 huíjiā 동 집으로 돌아가다(오다), 귀가하다
- 回答 huídá 동 대답하다, 회답하다

6획 回 回 回 回 回 回

回

0040

会
huì

會 모일 회

조동 (배워서) ~을 할 수 있다
동 모이다
명 모임 / 기회

- 会议 huìyì 명 회의
- 社会 shèhuì 명 사회
- 机会 jīhuì 명 기회

6획 会 会 会 会 会 会

会

0041

机
jī

機 책상 궤, 틀 기

명 기계, 기구

- 机场 jīchǎng 명 공항, 비행장
- 手机 shǒujī 명 휴대전화

6획 机 机 机 机 机 机

机

0042

几
jǐ

幾 안석 궤, 몇 기

대 몇

- 几个 jǐ gè 몇 개
- 几本书 jǐ běn shū 책 몇 권
- 几月几号 jǐ yuè jǐ hào 몇 월 며칠
- 几岁 jǐ suì 몇 살

2획 几 几

几

0043

家
jiā

家 집 가, 여자 고

명 집 / 어떤 전문 학문에 종사하는 사람

- 家人 jiārén 명 한 집안 식구
- 家长 jiāzhǎng 명 가장, 세대주
- 家具 jiājù 명 가구
- 作家 zuòjiā 명 작가

10획 家 家 家 家 家 家 家 家 家 家

家

0044

见
jiàn

見 볼 견, 뵈올 현

동 보(이)다, 눈에 띄다
명 의견, 견해

- 再见 zàijiàn 동 또 뵙겠습니다, 안녕
- 看见 kànjiàn 동 보다, 보이다
- 见面 jiànmiàn 동 만나다, 대면하다
- 意见 yìjiàn 명 견해, 의견

4획 见 见 见 见

见

0045

叫
jiào

叫 부르짖을 규

동 (~라고) 하다, 부르다

- 叫做 jiàozuò 동 ~라고 부르다(불리다), ~이다
- 叫喊 jiàohǎn 동 큰 소리로 외치다, 소리치다, 고함치다

5획 叫 叫 叫 叫 叫

叫

0046

觉
jiào / jué

覺 깨달을 각, 깰 교

jiào 명 잠, 수면
jué 명 감각, 느낌
동 느끼다

- 睡觉 shuìjiào 동 자다
- 感觉 gǎnjué 명 감각, 느낌 동 느끼다
- 觉得 juéde 동 ~라고 느끼다, ~라고 여기다

9획 觉 觉 觉 觉 觉 觉 觉 觉 觉

觉

0047

姐
jiě

姐 누이 저, 교만할 저

명 누나, 언니

- 姐姐 jiějie 명 누나, 언니
- 姐妹 jiěmèi 명 자매
- 小姐 xiǎojiě 명 아가씨

8획 姐 姐 姐 姐 姐 姐 姐 姐

姐

0048

今
jīn

今 이제 금

명 지금, 이제, 오늘
형 지금의, 현재의

- 今天 jīntiān 명 오늘
- 今年 jīnnián 명 올해, 금년

4획 今 今 今 今

今

0049

九
jiǔ

九 아홉 구, 모을 규

수 9, 아홉

- 九死一生 jiǔsǐ yìshēng 성 구사일생

2획 九 九

0050

开
kāi

開 열 개

동 열다, 켜다 / 개업하다, 개설하다

- 开门 kāimén 동 문을 열다, 영업을 시작하다
- 开关 kāiguān 명 스위치
- 开心 kāixīn 형 기쁘다, 즐겁다

4획 开 开 开 开

0051

看
kàn

看 볼 간

동 보다 / ~라고 생각하다 / 방문하다

- 看法 kànfǎ 명 견해
- 看望 kànwàng 동 방문하다, 문안하다

9획 看 看 看 看 看 看 看 看 看

0052

客
kè

客 손 객

명 손님

- 客人 kèrén 명 손님, 고객
- 客厅 kètīng 명 객실, 응접실
- 好客 hàokè 형 손님 접대를 좋아하다

9획 客 客 客 客 客 客 客 客 客

0053

块
kuài

塊 덩어리 괴

양 덩이, 조각, 장, 위안 [위안화의 기본 단위]

부 함께

• 一块 yí kuài 한 덩어리, 한 조각

7획 块 块 块 块 块 块 块

块

0054

来
lái

來 올 래(내)

동 오다

• 过来 guòlái 동 오다
• 来自 láizì ~로부터 오다, ~에서 나오다

7획 来 来 来 来 来 来 来

来

0055

老
lǎo

老 늙을 로(노)

형 늙다 / 오래된, 옛부터의

• 老人 lǎorén 명 노인
• 老朋友 lǎo péngyou 오랜 친구, 옛 친구

6획 老 老 老 老 老 老

老

0056

了
le

了 마칠 료(요), 밝을 료(요)

조 행위의 완성을 나타냄

• 完了 wán le 끝났다, 끝마쳤다

2획 了 了

了

0057

冷
lěng

冷 찰 랭(냉), 물소리 령(영)

형 춥다

- 冰冷 bīnglěng 형 얼음같이 차다, 매우 차다
- 冷静 lěngjìng 형 냉정하다, 침착하다
- 冷淡 lěngdàn 형 쌀쌀하다, 냉담하다

7획 冷 冷 冷 冷 冷 冷 冷

冷

0058

里
lǐ

裏 마을 리(이), 속 리(이)

명 가운데, 안쪽, 내부
양 리 [500m를 1리(里)로 함]

- 里面 lǐmiàn 명 안, 안쪽, 속
- 公里 gōnglǐ 양 킬로미터(km)

7획 里 里 里 里 甲 里 里

里

0059

六
liù

六 여섯 륙(육)

수 6, 여섯

- 星期六 xīngqīliù 명 토요일

4획 六 六 六 六

六

0060

妈
mā

媽 어머니 마, 어머니 모

명 엄마, 어머니

- 妈妈 māma 명 엄마, 어머니
- 姑妈 gūmā 명 고모

6획 妈 妈 妈 妈 妈 妈

妈

0061

吗
ma

嗎 약 이름 마

조 의문의 어기를 나타냄

- 去吗? qù ma? 가니?
- 吃吗? chī ma? 먹을래?

6획 吗 吗 吗 吗 吗 吗

0062

买
mǎi

買 살 매

동 사다, 구매하다

- 买单 mǎidān 동 계산하다, 지불하다
- 买卖 mǎimai 명 장사, 매매
- 买家 mǎijiā 명 구매자

6획 买 买 买 买 买 买

0063

么
me

麼 작을 요, 작을 마

접미 접미사의 하나

- 什么 shénme 대 무엇, 무슨
- 为什么 wèishénme 대 왜, 어째서

3획 么 么 么

0064

没
méi

沒 빠질 몰

동 없다
부 ~않다

- 没有 méiyǒu 동 ~이 없다 [소유·존재 등]
- 没关系 méi guānxi 괜찮다, 상관없다
- 没吃 méi chī 먹지 않았다

7획 没 没 没 没 没 没 没

0065

们
men

們 들 문

접미 ~들 [사람을 지칭하는 명사나 대명사의 뒤에 쓰여 복수를 나타냄]

• 咱们 zánmen 대 우리(들)

5획 们 们 们 们 们

0066

米
mǐ

米 쌀 미

명 쌀
양 미터(m)

• 大米 dàmǐ 명 쌀
• 玉米 yùmǐ 명 옥수수
• 厘米 límǐ 양 센티미터(cm)

6획 米 米 米 米 米 米

0067

面
miàn

麵 낯 면, 밀가루 면

접미 쪽, 측면, 측
명 (곡물의) 가루, 분말

• 前面 qiánmiàn 명 앞(쪽)
• 面包 miànbāo 명 빵

9획 面 面 面 面 面 面 面 面 面

0068

名
míng

名 이름 명

명 이름, 명칭

• 名字 míngzi 명 이름, 성명
• 名片 míngpiàn 명 명함
• 有名 yǒumíng 형 유명하다
• 报名 bàomíng 동 신청하다, 지원하다

6획 名 名 名 名 名 名

0069

明

míng

明 밝을 명

명 (올해·오늘의) 다음
형 밝다, 환하다 / 명백하다, 분명하다

- 明天 míngtiān 명 내일, 명일
- 明月 míngyuè 명 명월, 밝은 달
- 明确 míngquè 형 명확하다

8획 明 明 明 明 明 明 明 明

明

0070

哪

nǎ

哪 어찌 나, 역귀 쫓는 소리 나

대 어느, 어느 것

- 哪个 nǎge 대 어느 (것), 어떤
- 哪里 nǎlǐ 대 어디, 어느 곳
- 哪儿 nǎr 대 어디

9획 哪 哪 哪 哪 哪 哪 哪 哪 哪

哪

0071

那

nà

那 어찌 나, 어조사 내

대 저, 그, 저것, 그것

- 那个 nàge 대 그, 저, 그것, 저것
- 那里 nàlǐ 대 그곳, 저곳

6획 那 那 那 那 那 那

那

0072

呢

ne

呢 소곤거릴 니(이)

조 의문·지속을 나타냄

- 是什么呢? shì shénme ne? 뭔가요?
- 吃着呢 chī zhe ne 먹고 있다

8획 呢 呢 呢 呢 呢 呢 呢 呢

呢

0073

能
néng

能 능할 능, 견딜 내

조동 ~할 수 있다
명 재능, 재간

- 可能 kěnéng 형 가능하다 명 가능성, 가망 조동 아마도
- 能力 nénglì 명 능력
- 能干 nénggàn 형 유능하다

10획 能 能 能 能 能 能 能 能 能 能

能

0074

你
nǐ

你 너 니(이)

대 너, 당신

- 你们 nǐmen 대 너희들, 당신들, 자네들

7획 你 你 你 你 你 你 你

你

0075

年
nián

年 해 년(연), 아첨할 녕(영)

명 년, 해 / 나이, 연령

- 去年 qùnián 명 작년
- 年级 niánjí 명 학년
- 年轻 niánqīng 형 젊다, 어리다
- 年龄 niánlíng 명 연령

6획 年 年 年 年 年 年

年

0076

女
nǚ

女 여자 녀(여)

명 여자

- 女性 nǚxìng 명 여성
- 女士 nǚshì 명 여사, 숙녀, 부인
- 妇女 fùnǚ 명 부녀자

3획 女 女 女

女

0077

朋

péng

朋 벗 붕

명 벗, 동무, 친구

• 朋友 péngyou 명 친구

8획 朋 朋 朋 朋 朋 朋 朋 朋

朋

0078

七

qī

七 일곱 칠

수 7, 일곱

• 七夕 qīxī 명 칠석

2획 七 七

七

0079

气

qì

氣 기운 기, 보낼 희, 빌 걸

명 기체, 가스 / 공기 / 기후 / 기질

명 동 성(내다), 화(내다)

• 空气 kōngqì 명 공기
• 天气 tiānqì 명 날씨, 일기
• 小气 xiǎoqi 형 인색하다, 박하다, 좀스럽다
• 生气 shēngqì 동 화내다

4획 气 气 气 气

气

0080

前

qián

前 앞 전, 자를 전

명 (공간·순서의) 앞 / (시간) 전, 그전

• 以前 yǐqián 명 이전, 예전
• 从前 cóngqián 명 이전, 옛날
• 目前 mùqián 명 지금, 현재

9획 前 前 前 前 前 前 前 前 前

前

0081

钱
qián

錢 돈 전

명 돈

- 钱包 qiánbāo 명 돈지갑
- 零钱 língqián 명 푼돈, 잔돈

10획 钱 钱 钱 钱 钱 钱 钱 钱 钱 钱

钱

0082

请
qǐng

請 청할 청

동 청하다 / 초청하다

- 请求 qǐngqiú 명 요구, 요청 동 요청하다, 부탁하다
- 请假 qǐngjià 동 휴가를 신청하다
- 请客 qǐngkè 동 손님을 초대하다

10획 请 请 请 请 请 请 请 请 请 请

请

0083

去
qù

去 갈 거

동 가다, 떠나다

형 (시간적으로) 과거의, 이전의

- 去世 qùshì 동 세상을 떠나다, 사망하다
- 过去 guòqù 동 지나가다 명 과거

5획 去 去 去 去 去

去

0084

热
rè

熱 더울 열, 따뜻할 예

형 덥다, 뜨겁다

동 가열하다

명 열

- 热爱 rè'ài 동 뜨겁게 사랑하다
- 热烈 rèliè 형 열렬하다
- 热一热 rè yi rè 좀 데우다
- 发热 fārè 동 열이 나다

10획 热 热 热 热 热 热 热 热 热 热

热

0085

人
rén

人 사람 인

명 사람, 인간

- 人们 rénmen 명 사람들
- 别人 biérén 대 다른 사람
- 人才 réncái 명 인재
- 人口 rénkǒu 명 인구

2획 人 人

人

0086

认
rèn

認 인정할 인

동 (물건·사람·글자 등을) 분간하다, 식별(분별)하다 / 인정하다

- 认识 rènshi 동 알다, 인식하다
- 认为 rènwéi 동 ~라고 여기다, ~라고 생각하다
- 确认 quèrèn 동 확인하다
- 承认 chéngrèn 동 승인하다, 인정하다, 시인하다

4획 认 认 认 认

认

0087

三
sān

三 석 삼

수 3, 셋

- 三岁 sān suì 세 살
- 再三 zàisān 부 재삼, 몇 번씩, 여러 번

3획 三 三 三

三

0088

商
shāng

商 장사 상

명 상업, 장사
동 상의하다, 토의하다

- 商品 shāngpǐn 명 상품
- 商业 shāngyè 명 상업, 비즈니스
- 商量 shāngliang 동 상의하다, 의논하다, 협의하다

11획 商 商 商 商 商 商 商 商 商 商 商

商

0089

上

shàng

上 윗 상

명 위
형 (시간상) 지난
동 (어떤 곳으로) 가다 / 올라가다

- 上面 shàngmian 명 위, 위쪽
- 上级 shàngjí 명 상급(기관), 상급자, 상사
- 上班 shàngbān 동 출근하다

3획 上 上 上

上

0090

少

shǎo / shào

少 적을 소, 젊을 소

shǎo 형 적다
동 부족하다, 빠지다
shào 형 젊다, 어리다

- 少量 shǎoliàng 명 소량
- 减少 jiǎnshǎo 동 감소하다, 줄다, 줄이다
- 青少年 qīngshàonián 명 청소년

4획 少 少 少 少

少

0091

谁

shéi

誰 누구 수

대 누구

- 他是谁? Tā shì shéi? 그는 누구야?

10획 谁 谁 谁 谁 谁 谁 谁 谁 谁 谁

谁

0092

什

shén

什 열 사람 십, 세간 집

대 무엇, 무슨

- 什么时候 shénme shíhou 언제

4획 什 什 什 什

什

0093

生
shēng

生 날 생

동 낳다, 태어나다 / 생기다, 자라다
명 배우는 사람, 생도

- 生日 shēngrì 명 생일
- 发生 fāshēng 동 생기다, 발생하다
- 学生 xuésheng 명 학생

5획 生 生 生 生 生

生

0094

师
shī

師 스승 사

명 스승, 선생
접미 ~가, ~사 [전문적인 지식 또는 기술을 가진 사람]

- 老师 lǎoshī 명 선생님, 스승
- 师生 shīshēng 명 스승과 제자, 사제
- 师傅 shīfu 명 스승, 사부, 선생님
- 工程师 gōngchéngshī 명 엔지니어, 기술자

6획 师 师 师 师 师 师

师

0095

十
shí

十 열 십

수 10, 열
형 완전한

- 十天 shí tiān 10일, 열흘
- 十全十美 shíquán shíměi 성 완전무결하다

2획 十 十

十

0096

时
shí

時 때 시

명 때, 시기, (정해진) 시간

- 时候 shíhou 명 때, 시각
- 时间 shíjiān 명 시간
- 小时 xiǎoshí 명 시간

7획 时 时 时 时 时 时 时

时

0097

识
shí

識 알 신, 알 식, 적을 지

동 알다, 식별하다
명 견식, 지식, 식견

- 知识 zhīshi 명 지식
- 常识 chángshí 명 상식, 일반 지식

7획 识 识 识 识 识 识 识

识

0098

视
shì

視 볼 시

동 보다 / 간주하다, 대하다

- 视力 shìlì 명 시력
- 重视 zhòngshì 동 중시하다
- 忽视 hūshì 동 소홀히 하다, 등한시하다

8획 视 视 视 视 视 视 视 视

视

0099

是
shì

是 이 시, 옳을 시

동 ~이다
형 맞다, 옳다

- 是否 shìfǒu 부 ~인지 아닌지
- 是非 shìfēi 명 시비, 잘잘못, 옳음과 그름

9획 是 是 是 是 是 是 是 是 是

是

0100

书
shū

書 글 서

명 책

- 看书 kàn shū 책을 보다
- 图书馆 túshūguǎn 명 도서관
- 书架 shūjià 명 책꽂이

4획 书 书 书 书

书

0101

水 shuǐ

水 물 수

명 물

- 矿泉水 kuàngquánshuǐ 명 광천수, 생수
- 开水 kāishuǐ 명 끓인 물
- 冰水 bīngshuǐ 명 냉수

4획 水 水 水 水

水

0102

睡 shuì

睡 졸음 수

동 (잠을) 자다 / 눕다
명 잠, 수면

- 入睡 rùshuì 동 잠들다
- 睡衣 shuìyī 명 잠옷

13획 睡 睡 睡 睡 睡 睡 睡 睡 睡 睡 睡 睡 睡

睡

0103

说 shuō

說 말씀 설, 달랠 세

동 말하다, 설명하다

- 说明 shuōmíng 동 설명하다, 해설하다
- 说谎 shuōhuǎng 동 거짓말하다
- 小说 xiǎoshuō 명 소설

9획 说 说 说 说 说 说 说 说 说

说

0104

四 sì

四 넉 사

수 4, 넷

- 四季 sìjì 명 사계절
- 四面八方 sìmiàn bāfāng 성 사면팔방

5획 四 四 四 四 四

四

0105

岁

suì

歲 해 세

양 살, 세

- 岁数 suìshu 명 나이, 연령, 연세
- 岁月 suìyuè 명 세월

6획 岁 岁 岁 岁 岁 岁

岁

0106

他

tā

他 다를 타

대 그, 그 사람 / 다른

- 他们 tāmen 대 그들, 그(저) 사람들
- 其他 qítā 대 기타, 그 외

5획 他 他 他 他 他

他

0107

她

tā

她 아가씨 저, 그녀 타

대 그녀

- 她们 tāmen 대 그녀들, 그(저) 여자들

6획 她 她 她 她 她 她

她

0108

太

tài

太 클 태

부 대단히, 매우, 지나치게
형 크다, 넓다

- 太高 tài gāo 너무 높다
- 太空 tàikōng 명 우주, 매우 높은 하늘
- 太阳 tàiyáng 명 태양, 해

4획 太 太 太 太

太

0109

天
tiān

天 하늘 천

명 하늘 / 하루, 날, 일
형 타고난

- 天空 tiānkōng 명 하늘
- 星期天 xīngqītiān 명 일요일
- 天性 tiānxìng 명 천성, 타고난 성격

4획 天 天 天 天

天

0110

听
tīng

聽 들을 청, 입 벌린 모양 이

동 듣다, 듣고 따르다

- 听说 tīngshuō 동 듣기로는 ~이라 한다
- 听写 tīngxiě 명 동 받아쓰기(를 하다)
- 听力 tīnglì 명 청력, 듣기 능력
- 打听 dǎting 동 물어보다, 알아보다

7획 听 听 听 听 听 听 听

听

0111

同
tóng

同 한가지 동

형 같다
동 ~와(과) 같다

- 同学 tóngxué 명 동창, 학우, 학교 친구
- 同事 tóngshì 명 동료
- 同意 tóngyì 동 동의하다
- 相同 xiāngtóng 형 서로 같다, 일치하다

6획 同 同 同 同 同 同

同

0112

我
wǒ

我 나 아

대 나, 저

- 我们 wǒmen 대 우리(들)

7획 我 我 我 我 我 我 我

我

0113

五

wǔ

五 다섯 오

수 5, 다섯

- 五谷 wǔgǔ 명 오곡
- 五香 wǔxiāng 명 (중국 요리에 쓰이는) 다섯 가지 향료 [산초·회향·계피·팔각·정향]

4획 五 五 五 五

五

0114

午

wǔ

午 낮 오

명 정오

- 上午 shàngwǔ 명 오전
- 中午 zhōngwǔ 명 정오
- 下午 xiàwǔ 명 오후

4획 午 午 午 午

午

0115

下

xià

下 아래 하

명 밑, 아래 / 나중, 다음
동 내려가다 / (비·눈 등이) 내리다

- 下等 xiàděng 형 하등의, 질이 낮은
- 下次 xià cì 다음 번
- 下雨 xiàyǔ 동 비가 내리다

3획 下 下 下

下

0116

先

xiān

先 먼저 선

부 먼저

- 首先 shǒuxiān 부 가장 먼저
- 事先 shìxiān 명 사전, 미리

6획 先 先 先 先 先 先

先

0117

现
xiàn

現 나타날 현

명 현재, 지금
동 나타나다

- 现在 xiànzài 명 현재
- 现代 xiàndài 명 현대
- 现实 xiànshí 명 현실 형 현실적이다
- 实现 shíxiàn 동 실현하다, 달성하다

8획 现 现 现 现 现 现 现 现

现

0118

想
xiǎng

想 생각 상

동 생각하다, 그리워하다
조동 ~하고 싶다

- 想念 xiǎngniàn 동 그리워하다, 생각하다
- 想像 xiǎngxiàng 명 동 상상(하다)
- 思想 sīxiǎng 명 사상, 의식
- 理想 lǐxiǎng 명 이상 형 이상적이다

13획 想 想 想 想 想 想 想 想 想 想 想 想 想

想

0119

小
xiǎo

小 작을 소

형 작다, 어리다

- 大小 dàxiǎo 명 대소 / 크기
- 小吃 xiǎochī 명 간단한 먹을 거리, 간식
- 小伙子 xiǎohuǒzi 명 젊은 청년, 총각

3획 小 小 小

小

0120

校
xiào

校 학교 교

명 학교

- 学校 xuéxiào 명 학교
- 校长 xiàozhǎng 명 교장

10획 校 校 校 校 校 校 校 校 校 校

校

0121

些
xiē

些 적을 사

양 조금, 약간

- 一些 yìxiē 약간, 조금

8획 些 些 些 些 些 些 些 些

些

0122

写
xiě

寫 베낄 사

동 글씨를 쓰다, 글을 짓다

- 写信 xiě xìn 편지를 쓰다
- 写作 xiězuò 동 글을 짓다, 저작하다
- 描写 miáoxiě 동 묘사하다

5획 写 写 写 写 写

写

0123

谢
xiè

謝 사례할 사

명 동 감사(하다)

- 谢谢 xièxie 동 고맙다, 감사하다
- 感谢 gǎnxiè 동 고맙다, 감사하다

12획 谢 谢 谢 谢 谢 谢 谢 谢 谢 谢 谢 谢

谢

0124

学
xué

學 배울 학, 가르칠 교

동 배우다, 학습하다
명 학문, 학술

- 学习 xuéxí 동 공부하다, 배우다
- 留学 liúxué 동 유학하다
- 文学 wénxué 명 문학
- 学问 xuéwèn 명 학문

8획 学 学 学 学 学 学 学 学

学

0125

样
yàng

樣 모양 양

명 모양, 꼴 / 본보기, 견본
양 종류, 형태

- 样子 yàngzi 명 모양, 모습
- 样式 yàngshì 명 형식, 양식
- 一样 yíyàng 형 같다

10획

0126

一
yī

一 한 일

수 1, 하나

- 一下(儿) yíxià(r) 양 한번 ~하다 [동사 뒤에 보어로 쓰임] 부 금방, 금새
- 一边 yìbiān 명 한쪽, 한 편 부 ~하면서 (~하다)
- 统一 tǒngyī 동 통일하다
- 唯一 wéiyī 형 유일한

1획 一

0127

衣
yī

衣 옷 의

명 옷, 의복

- 衣服 yīfu 명 옷, 의복
- 衣架 yījià 명 옷걸이
- 大衣 dàyī 명 외투

6획

0128

医
yī

醫 의원 의, 동개 예

명 의사 / 의학
동 치료하다

- 医生 yīshēng 명 의사
- 医院 yīyuàn 명 병원
- 医疗 yīliáo 동 의료하다

7획

0129

椅
yǐ

椅 의자 의

명 의자

• 椅子 yǐzi 명 의자

12획 椅 椅 椅 椅 椅 椅 椅 椅 椅 椅 椅 椅

椅

0130

影
yǐng

影 그림자 영

명 그림자 / 사진

• 影子 yǐngzi 명 그림자
• 合影 héyǐng 동 함께 사진을 찍다 명 단체사진
• 摄影 shèyǐng 동 사진을 찍다, 촬영하다

15획 影 影 影 影 影 影 影 影 影 影 影 影 影 影 影

影

0131

友
yǒu

友 벗 우

명 친구, 벗
형 친하다, 사이가 좋다

• 友谊 yǒuyì 명 우의, 우정
• 友好 yǒuhǎo 형 우호적이다

4획 友 友 友 友

友

0132

有
yǒu

有 있을 유

동 있다

• 有趣 yǒuqù 형 재미있다
• 所有 suǒyǒu 형 모든, 전부의
• 有利 yǒulì 형 유리하다, 유익하다

6획 有 有 有 有 有 有

有

0133

雨
yǔ

雨 비 우

명 비

- 雨季 yǔjì 명 장마철, 우계, 우기
- 雨衣 yǔyī 명 우의, 비옷

8획 雨 雨 雨 雨 雨 雨 雨 雨

雨

0134

语
yǔ

語 말씀 어

명 동 말(하다)
명 구(句), 둘 이상의 단어가 결합된 것 / 속담, 성어

- 语法 yǔfǎ 명 어법
- 语言 yǔyán 명 언어
- 词语 cíyǔ 명 단어, 어휘
- 成语 chéngyǔ 명 성어

9획 语 语 语 语 语 语 语 语 语

语

0135

院
yuàn

院 집 원

명 뜰 / 어떤 기관 또는 공공장소

- 院子 yuànzi 명 뜰, 정원
- 学院 xuéyuàn 명 (단과) 대학, 학부
- 法院 fǎyuàn 명 법원

9획 院 院 院 院 院 院 院 院 院

院

0136

月
yuè

月 달 월

명 달, 월

- 月饼 yuèbǐng 월병(mooncake)
- 月亮 yuèliang 명 달
- 正月 zhēngyuè 명 정월

4획 月 月 月 月

月

0137

再
zài

再 두 재

수 두 번, 두 번째
부 재차, 또

- 一再 yízài 부 수차, 거듭
- 再次 zàicì 부 재차, 두 번째

6획 再 再 再 再 再 再

再

0138

在
zài

在 있을 재

동 (~에) 있다
전 ~에, ~에서

- 存在 cúnzài 동 존재하다
- 内在 nèizài 형 내재적인, 내재하는
- 在于 zàiyú 동 (본질·내용이) ~에 있다, ~에 달려있다

6획 在 在 在 在 在 在

在

0139

怎
zěn

怎 어찌 즘

대 왜, 어째서, 어떻게

- 怎么 zěnme 대 어떻게, 왜, 어째서
- 怎么样 zěnmeyàng 대 어떻다, 어떠하다

9획 怎 怎 怎 怎 怎 怎 怎 怎 怎

怎

0140

这
zhè

这 이 저

대 이, 이것

- 这里 zhèlǐ 대 이곳, 여기
- 这样 zhèyàng 대 이렇다, 이와 같다, 이렇게, 이래서

7획 这 这 这 这 这 这 这

这

0141

中
zhōng

中 가운데 중

명 한가운데, 중심, 중앙

- 中间 zhōngjiān 명 중간, 가운데
- 中心 zhōngxīn 명 한가운데, 중심
- 中立 zhōnglì 동 중립하다

4획 中 中 中 中

中

0142

钟
zhōng

鐘 쇠북 종, 술병 종

명 종, 시계

- 钟表 zhōngbiǎo 명 시계의 총칭
- 分钟 fēnzhōng 명 (시간의) 분
- 钟点工 zhōngdiǎngōng 명 시간급 노동(자), 파트타이머

9획 钟 钟 钟 钟 钟 钟 钟 钟 钟

钟

0143

住
zhù

住 살 주

동 숙박하다, 살다

- 居住 jūzhù 동 거주하다
- 住宅 zhùzhái 명 주택
- 住宿 zhùsù 동 묵다, 숙박하다

7획 住 住 住 住 住 住 住

住

0144

桌
zhuō

桌 높을 탁

명 테이블, 탁자
양 상 [요리상의 수를 세는 단위]

- 桌子 zhuōzi 명 탁자, 테이블
- 书桌 shūzhuō 명 책상
- 一桌菜 yì zhuō cài 요리 한 상

10획 桌 桌 桌 桌 桌 桌 桌 桌 桌 桌

桌

0145

子

zǐ

子 아들 자

명 아들 / 사내아이

- 子女 zǐnǚ 명 자녀, 자식
- 王子 wángzǐ 명 왕자

3획 子 子 子

子

0146

字

zì

字 글자 자

명 문자, 글자

- 数字 shùzì 명 숫자
- 文字 wénzì 명 문자, 서면어, 문장
- 字母 zìmǔ 명 자모
- 简体字 jiǎntǐzì 명 간화자, 긴체자(↔繁体字 번체자)

6획 字 字 字 字 字 字

字

0147

昨

zuó

昨 어제 작

명 어제 / 과거, 옛날, 이전

- 昨天 zuótiān 명 어제

9획 昨 昨 昨 昨 昨 昨 昨 昨 昨

昨

0148

作

zuò

作 지을 작, 만들 주

동 실행하다, 하다 / 글을 쓰다, 창작하다, 제작하다

명 작품

- 作业 zuòyè 명 숙제, 과제
- 作者 zuòzhě 명 저자, 필자
- 作文 zuòwén 명 작문
- 作品 zuòpǐn 명 작품

7획 作 作 作 作 作 作 作

作

0149

坐
zuò

坐 앉을 좌

동 앉다 / (탈 것에) 타다

- 坐车 zuò chē 차를 타다
- 乘坐 chéngzuò 동 (자동차·배·비행기 등을) 타다, 탑승하다

7획 坐 坐 坐 坐 坐 坐 坐

坐

0150

做
zuò

做 지을 주

동 하다 / 만들다 / ~이 되다

- 做事 zuòshì 동 일을 하다
- 做菜 zuò cài 음식을 만들다, 요리하다
- 做客 zuòkè 동 손님이 되다, 방문하다
- 做伴 zuòbàn 동 (길)동무가 되다, 짝이 되다, 함께 하다

11획 做 做 做 做 做 做 做 做 做 做 做

做

중국어 상용한자 1급

1 다음 1에서 10까지의 숫자를 한자로 따라 쓰고, 한어병음을 써 보세요.

一	二	三	四	五	六	七	八	九	十
1, 하나	2, 둘	3, 셋	4, 넷	5, 다섯	6, 여섯	7, 일곱	8, 여덟	9, 아홉	10, 열

• 零 líng 수 0, 영

2 다음 보기와 같이 날짜와 시간을 한자로 써 보세요.

보기 올해 1월 1일 今年一月一号 오후 1시 20분 下午一点二十分

❶ 작년 2월 14일 ______________

❷ 내년 12월 25일 ______________

❸ 오전 11시 10분 ______________

❹ 오후 8시 40분 ______________

• 情人节 Qíngrén Jié 밸런타인데이 | 圣诞节 Shèngdàn Jié 크리스마스

3 다음 그림과 한어병음을 보고 알맞은 한자를 쓰세요.

❶ 
______________ shuǐguǒ

❷ 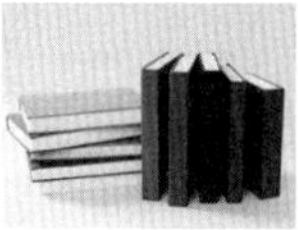
______________ shū

❸ 
______________ yǐzi

❹ 
______________ zhuōzi

❺ 
______________ fēijī

❻ 
______________ chá

4 다음 문장에서 밑줄 친 부분의 뜻에 해당하는 한자와 한어병음을 써 보세요.

❶ 키가 매우 크다.

→ 个子______。

Gèzi ______.

❷ 음식이 매우 많다.

→ 饭菜______。

Fàncài ______.

❸ 날씨가 매우 춥다.

→ 天气______。

Tiānqì ______.

❹ 이곳은 매우 덥다.

→ 这里______。

Zhèlǐ ______.

5 다음 문장을 한어병음을 보며 중국어로 써 보세요.

❶ 안녕하세요!
Nǐ hǎo! → ______!

❷ 또 만나요!
Zàijiàn! → ______!

❸ 나는 영화를 본다.
Wǒ kàn diànyǐng. → ______。

❹ 너는 집에 가니?
Nǐ huí jiā ma? → ______?

❺ 그는 잠을 잔다.
Tā shuìjiào. → ______。

❻ 그녀는 한자를 쓴다.
Tā xiě Hànzì. → ______。

❼ 우리는 중국어로 말한다.
Wǒmen shuō Hànyǔ. → ______。

➡ 정답 278쪽

단어 그림 찾기

다음 단어에 해당하는 그림을 찾아보세요.

医生 / 电脑 / 椅子 / 书

➡ 정답 278쪽

2급

상용한자

☑ 150자

2급 원어민 발음 듣기

0001

吧
bā / ba

吧 아이 다툴 파

bā 명 바(bar)
ba 조 문장 끝에 쓰여 상의·제의·청유·기대·명령 등의 어기를 나타냄

- 酒吧 jiǔbā 명 술집, 바
- 吧台 bātái 명 바의 카운터
- 走吧! Zǒu ba! 가죠!
- 是吧? Shì ba? 그렇죠?

7획 吧 吧 吧 吧 吧 吧 吧

吧

0002

白
bái

白 흰 백

형 하얗다, 희다 / 명백하다, 분명하다

- 白色 báisè 명 흰색, 하얀색
- 白天 báitiān 명 낮, 대낮
- 空白 kòngbái 명 공백, 여백
- 明白 míngbai 동 이해하다

5획 白 白 白 白 白

白

0003

百
bǎi

百 일백 백, 힘쓸 맥

수 100, 백 / 많은 수 [비유]

- 老百姓 lǎobǎixìng 명 백성, 국민
- 百货商店 bǎihuò shāngdiàn 명 백화점
- 千方百计 qiānfāng bǎijì 성 갖은 방법을 다 써 보다

6획 百 百 百 百 百 百

百

0004

班
bān

班 나눌 반

명 조, 그룹 / 반 / 근무

- 班级 bānjí 명 반, 학급, 학년
- 下班 xiàbān 동 퇴근하다
- 加班 jiābān 동 초과근무를 하다

10획 班 班 班 班 班 班 班 班 班 班

班

0005

帮

bāng

幫 도울 방

동 돕다, 거들어 주다

- 帮助 bāngzhù 동 돕다, 원조하다 명 도움, 원조
- 帮忙 bāngmáng 동 일손을 돕다, 거들다

9획

帮

0006

报

bào

報 갚을 보, 알릴 보

동 알리다, 전하다, 보고하다
명 신문

- 报道 bàodào 동 보도하다
- 预报 yùbào 동 예보하다
- 报纸 bàozhǐ 명 신문

7획

报

0007

比

bǐ

比 견줄 비

전 ~에 비해, ~보다
동 비교하다 / 비유하다

- 比较 bǐjiào 부 비교적, 상대적으로 동 비교하다
- 比赛 bǐsài 명 경기, 시합 동 경기하다
- 比如 bǐrú 동 예를 들다

4획

比

0008

笔

bǐ

筆 붓 필

명 붓, 필기구
동 글자를 쓰다, 글을 짓다

- 铅笔 qiānbǐ 명 연필
- 笔记本 bǐjìběn 명 노트, 수첩

10획

笔

0009

边 biān

邊 가 변

명 변, 가장자리 / 주위, 근방
부 ~하면서 ~하다

- 旁边 pángbiān 명 옆, 곁
- 海边 hǎibiān 명 해변
- 边走边看 biān zǒu biān kàn 걸으면서 보다

5획 边 边 边 边 边

边

0010

便 biàn

便 편할 편, 똥오줌 변

형 편리하다
명 편리한 때

- 方便 fāngbiàn 형 편리하다 동 편리하게 하다
- 顺便 shùnbiàn 부 ~하는 김에

9획 便 便 便 便 便 便 便 便 便

便

0011

表 biǎo

錶 겉 표, 시계 표

명 겉, 표면 / 용모 / 시계
동 (생각·감정을) 드러내다

- 表情 biǎoqíng 명 표정
- 手表 shǒubiǎo 명 손목시계
- 表演 biǎoyǎn 동 상연하다, 공연하다 명 공연, 연기

8획 表 表 表 表 表 表 表 表

表

0012

别 bié

別 나눌 별

부 ~하지 마라
형 별개의, 다른
명 종류 / 차별, 차이

- 别去! Bié qù! 가지 마!
- 特别 tèbié 형 특별하다 부 특히
- 性别 xìngbié 명 성별

7획 别 别 别 别 别 别 别

别

0013

病
bìng

病 병 병

명 병 / 결함, 과실, 흠

- 生病 shēngbìng 동 병이 나다, 발병하다
- 病毒 bìngdú 명 병원체, 병균, 바이러스
- 毛病 máobìng 명 문제 / 고장 / 결점 / 질병

10획 病 病 病 病 病 病 病 病 病 病

病

0014

步
bù

步 걸음 보

명 걸음, 보폭 /
(일의 진행되는) 단계, 순서
동 걷다

- 散步 sànbù 동 산보하다, 산책하다
- 进步 jìnbù 동 진보하다 형 진보적이다 명 진보, 발전
- 退步 tuìbù 동 퇴보하다
- 步行 bùxíng 동 걸어서 가다, 도보로 가다

7획 步 步 步 步 步 步 步

步

0015

长
cháng / zhǎng

長 길 장, 어른 장

cháng 형 (길이가) 길다
zhǎng 동 자라다, 생기다

- 长城 Chángchéng 만리장성
- 长江 Chángjiāng 창장, 양쯔장(扬子江)
- 长大 zhǎngdà 동 성장하다, 자라다
- 成长 chéngzhǎng 동 성장하다, 자라다

4획 长 长 长 长

长

0016

常
cháng

常 떳떳할 상, 항상 상

형 일반적인, 보통의
부 자주, 언제나, 늘

- 正常 zhèngcháng 형 정상(적)이다
- 平常 píngcháng 형 보통이다 명 평소
- 日常 rìcháng 형 일상의
- 经常 jīngcháng 부 언제나, 늘

11획 常 常 常 常 常 常 常 常 常 常 常

常

0017

场
chǎng

場 마당 장

명 장소, 곳
양 회, 번, 차례

- 场所 chǎngsuǒ 명 장소, 시설
- 市场 shìchǎng 명 시장
- 广场 guǎngchǎng 명 광장
- 一场比赛 yì chǎng bǐsài 게임 한 판, 한 경기

6획 场 场 场 场 场 场

场

0018

唱
chàng

唱 부를 창

동 노래하다

- 唱歌 chànggē 동 노래 부르다
- 合唱 héchàng 명 동 합창(하다)
- 唱片 chàngpiàn 명 레코드, 음반

11획 唱 唱 唱 唱 唱 唱 唱 唱 唱 唱 唱

唱

0019

出
chū

出 날 출

동 나가다, 나오다

- 出发 chūfā 동 출발하다, 떠나다
- 出现 chūxiàn 동 출현하다, 나타나다
- 出口 chūkǒu 동 수출하다 명 출구

5획 出 出 出 出 出

出

0020

穿
chuān

穿 뚫을 천

동 (옷을) 입다, (신발·양말 등을) 신다

- 试穿 shìchuān 동 입어보다
- 穿鞋 chuān xié 신발을 신다

9획 穿 穿 穿 穿 穿 穿 穿 穿 穿

穿

0021

床
chuáng

床 평상 상

명 침대
양 자리, 채 [침구를 세는 단위]

- 起床 qǐchuáng 동 (잠자리에서) 일어나다
- 单人床 dānrénchuáng 명 일인용 침대
- 双人床 shuāngrénchuáng 명 이인용 침대
- 床单(儿) chuángdān(r) 명 침대보, 깔개

7획 床 床 床 床 床 床 床

床

0022

次
cì

次 버금 차, 머뭇거릴 차

양 차례, 번, 회

- 第一次 dì yī cì 제1차, 최초, 맨 처음
- 其次 qícì 대 순서상으로 부차적인 것, 그 다음
- 次要 cìyào 형 부차적인, 이차적인

6획 次 次 次 次 次 次

次

0023

从
cóng

從 좇을 종

전 ~부터, ~을 기점으로

- 从来 cónglái 부 (과거부터) 지금까지, 여태껏
- 从此 cóngcǐ 부 이후로, 이때부터
- 自从 zìcóng 전 ~부터, ~이래

4획 从 从 从 从

从

0024

错
cuò

錯 어긋날 착, 둘 조

동 틀리다, 맞지 않다 / (기회·차 등을) 놓치다
명 잘못

- 错别字 cuòbiézì 명 잘못 쓴 글자와 틀린 글자, 오자
- 错过 cuòguò 동 (기회 등을) 놓치다, 스치고 지나가다
- 错误 cuòwù 명 착오, 잘못

13획 错 错 错 错 错 错 错 错 错 错 错 错 错

错

0025

但

dàn

但 다만 단, 거짓 탄

접 그러나, 그렇지만

- 虽然…但是… suīrán…dànshì… 비록 ~이지만, 그러나 ~

7획 但 但 但 但 但 但 但

0026

到

dào

到 이를 도

동 도착하다, 어느 곳에 이르다
전 ~까지

- 到达 dàodá 동 도달하다, 도착하다
- 到处 dàochù 명 도처, 이르는 곳, 가는 곳, 곳곳

8획 到 到 到 到 到 到 到 到

0027

道

dào

道 길 도

명 길, 도로
동 말하다 / 말로 감정을 표시하다

- 街道 jiēdào 명 거리, 가두
- 道歉 dàoqiàn 동 사과하다

12획 道 道 道 道 道 道 道 道 道 道 道 道

0028

得

dé / de / děi

得 얻을 득

dé 동 얻다
de 조 결과나 정도를 나타내는 보어와 연결시킴 [동사나 형용사 뒤에 쓰임]
děi 동 ~해야 한다

- 得到 dédào 동 얻다, 손에 넣다
- 写得很好 xiě de hěn hǎo 매우 잘 쓰다
- 我得走了 Wǒ děi zǒu le 나는 가야 한다

11획 得 得 得 得 得 得 得 得 得 得 得

0029

等
děng

等 무리 등

동 기다리다
형 (정도·수량이) 같다

- 等一下 děng yíxià 잠깐 기다리다
- 等待 děngdài 동 기다리다
- 等于 děngyú 동 수량이 ~과(와) 같다
- 平等 píngděng 형 동일한 대우를 받다 명 평등

12획 等 等 等 等 等 等 等 等 等 等 等 等

等

0030

弟
dì

弟 아우 제, 기울어질 퇴

명 동생, 아우

- 弟弟 dìdi 명 남동생
- 兄弟 xiōngdi 명 동생, 아우

7획 弟 弟 弟 弟 弟 弟 弟

弟

0031

第
dì

第 차례 제

접두 제 [수사 앞에 쓰여 차례의 몇 째를 가리킴]

- 第三者 dìsānzhě 명 제3자, 제삼자

11획 第 第 第 第 第 第 第 第 第 第 第

第

0032

懂
dǒng

懂 심란할 동

동 알다, 이해하다

- 懂事 dǒngshì 형 세상 물정을 알다, 철들다
- 懂得 dǒngde 동 (뜻·방법 등을) 알다, 이해하다
- 听懂 tīngdǒng 동 알아듣다

15획 懂 懂 懂 懂 懂 懂 懂 懂 懂 懂 懂 懂 懂 懂 懂

懂

0033

动
dòng

動 움직일 동

동 움직이다 / 감동시키다

- 运动 yùndòng 동 운동하다 명 운동, 캠페인
- 活动 huódòng 동 몸을 움직이다, 운동하다, 활동하다
- 动物 dòngwù 명 동물
- 感动 gǎndòng 동 감동하다, 감동시키다

6획 动 动 动 动 动 动

动

0034

房
fáng

房 방 방

명 집, 주택 / 방

- 房子 fángzi 명 집, 건물
- 房东 fángdōng 명 집주인
- 房间 fángjiān 명 방
- 厨房 chúfáng 명 주방, 부엌

8획 房 房 房 房 房 房 房 房

房

0035

非
fēi

非 아닐 비, 비방할 비

동 ~이(가) 아니다

- 非卖品 fēimàipǐn 명 비매품
- 非常 fēicháng 부 대단히, 매우, 아주
  형 예사롭지 않은, 비상한, 특별한

8획 非 非 非 非 非 非 非 非

非

0036

告
gào

告 고할 고, 뵙고 청할 곡

동 말하다, 알리다

- 告诉 gàosu 동 말하다, 알리다
- 广告 guǎnggào 명 광고
- 报告 bàogào 명 보고서, 리포트 동 보고하다

7획 告 告 告 告 告 告 告

告

0037

哥
gē

哥 성씨 가

명 형, 오빠

- 哥哥 gēge 명 형, 오빠
- 表哥 biǎogē 명 사촌형, 사촌오빠

10획 哥 哥 哥 哥 哥 哥 哥 哥 哥 哥

哥

0038

歌
gē

歌 노래 가

명 노래
동 노래하다, 노래를 부르다

- 国歌 guógē 명 국가
- 歌手 gēshǒu 명 가수
- 歌声 gēshēng 명 노랫소리

14획 歌 歌 歌 歌 歌 歌 歌 歌 歌 歌 歌 歌 歌 歌

歌

0039

给
gěi

給 줄 급

동 주다
전 ~에게

- 给面子 gěi miànzi 체면을 세워주다

9획 给 给 给 给 给 给 给 给 给

给

0040

公
gōng

公 공평할 공

형 공공의, 공동의 / 공평하다, 공정하다
명 공무, 사무

- 公园 gōngyuán 명 공원
- 公平 gōngpíng 형 공평하다
- 办公室 bàngōngshì 명 사무실

4획 公 公 公 公

公

0041

共
gòng

共 한가지 공

부 함께, 같이
형 공통의, 같은, 동일한

- 一共 yígòng 부 모두, 전부
- 共同 gòngtóng 형 공동의, 공통의 부 모두, 함께

6획 共 共 共 共 共 共

共

0042

狗
gǒu

狗 개 구

명 개

- 小狗 xiǎogǒu 명 강아지

8획 狗 狗 狗 狗 狗 狗 狗 狗

狗

0043

瓜
guā

瓜 오이 과

명 박과 식물(의 과실)

- 西瓜 xīguā 명 수박
- 瓜子(儿) guāzǐ(r) 명 수박씨·해바라기씨·호박씨 등을 통틀어 일컫는 말

5획 瓜 瓜 瓜 瓜 瓜

瓜

0044

贵
guì

貴 귀할 귀

형 귀하다 / 비싸다

- 贵姓 guìxìng 명 성씨(姓氏) [존칭·존댓말]
- 贵宾 guìbīn 명 귀빈, 귀중한 손님
- 宝贵 bǎoguì 형 귀중하다

9획 贵 贵 贵 贵 贵 贵 贵 贵 贵

贵

0045

过

guò / guo

過 지날 과, 가 변

guò 동 지나다, 경과하다 / 겪다, 경험하다

guo 조 ~한 적이 있다

- 经过 jīngguò 동 경유하다, 통과하다
- 吃过 chī guo 먹어 본 적이 있다
- 去过 qù guo 가 본 적 있다

6획 过 过 过 过 过 过

过

0046

还

hái / huán

還 돌아올 환, 돌 선

hái 부 역시 / 아직, 여전히 / 또, 더

huán 동 돌려주다, 갚다 / 돌아가다, 돌아오다

- 还是 háishì 접 또는, 아니면 부 여전히, 아직, 그래도
- 还钱 huán qián 돈을 돌려주다
- 讨价还价 tǎojià huánjià 성 값을 흥정하다

7획 还 还 还 还 还 还 还

还

0047

孩

hái

孩 어린아이 해

명 어린이, 자녀

- 孩子 háizi 명 아이, 어린이
- 男孩 nánhái 명 사내아이, 남자아이
- 女孩 nǚhái 명 여아, 여자아이

9획 孩 孩 孩 孩 孩 孩 孩 孩 孩

孩

0048

黑

hēi

黑 검을 흑

형 검다, 까맣다

- 黑板 hēibǎn 명 칠판
- 黑色 hēisè 명 검은색

12획 黑 黑 黑 黑 黑 黑 黑 黑 黑 黑 黑 黑

黑

0049

红
hóng

紅 붉을 홍, 상복 공

형 붉다, 빨갛다

- 红色 hóngsè 명 빨간색
- 西红柿 xīhóngshì 명 토마토
- 红包 hóngbāo 명 세뱃돈 / (특별) 상여금, 보너스

6획 红 红 红 红 红 红

红

0050

欢
huān

歡 기쁠 환

동 좋아하다
형 즐겁다, 유쾌하다

- 欢迎 huānyíng 동 환영하다
- 欢乐 huānlè 형 즐겁다, 유쾌하다

6획 欢 欢 欢 欢 欢 欢

欢

0051

火
huǒ

火 불 화

명 불, 화염

- 灯火 dēnghuǒ 명 등불
- 火灾 huǒzāi 명 화재
- 火锅 huǒguō 훠궈 [중국식 샤부샤부]

4획 火 火 火 火

火

0052

鸡
jī

鷄 닭 계

명 닭

- 鸡肉 jīròu 명 닭고기
- 鸡蛋 jīdàn 명 계란
- 鸡翅 jīchì 닭 날개
- 炸鸡 zhájī 명 닭튀김, 치킨

7획 鸡 鸡 鸡 鸡 鸡 鸡 鸡

鸡

0053

间
jiān

間 사이 간

명 사이, 중간 / 방, 간, 실

- 空间 kōngjiān 명 공간
- 洗手间 xǐshǒujiān 명 화장실

7획 间 间 间 间 间 间 间

间

0054

件
jiàn

件 물건 건

양 건, 개 [일·사건·개체의 사물을 세는 단위]
명 문서, 서류

- 一件 yí jiàn 한 건, 한 벌
- 条件 tiáojiàn 명 조건
- 文件 wénjiàn 명 문건, 공문, 서류

6획 件 件 件 件 件 件

件

0055

教
jiāo / jiào

教 가르칠 교

jiāo 동 가르치다, 전수하다
jiào 동 가르치다, 지도하다

- 教书 jiāoshū 동 글을(공부를) 가르치다
- 教室 jiàoshì 명 교실
- 教授 jiàoshòu 명 교수
- 教育 jiàoyù 명 동 교육(하다)

11획 教 教 教 教 教 教 教 教 教 教 教

教

0056

进
jìn

進 나아갈 진

동 (밖에서 안으로) 들다 / 나아가다, 전진하다

- 进入 jìnrù 동 (범위·시기에) 들다
- 进口 jìnkǒu 동 수입하다
- 进行 jìnxíng 동 진행하다

7획 进 进 进 进 进 进 进

进

0057

近

jìn

近 가까울 근, 어조사 기

형 가깝다 / 가까이 하다, 접근하다

- 最近 zuìjìn 명 최근, 요즈음
- 近代 jìndài 명 근대, 근세

7획 近 近 近 近 近 近 近

近

0058

经

jīng

經 지날 경, 글 경

동 경과하다, 지나다 / 겪다 / 경영하다, 관리하다

- 曾经 céngjīng 부 일찍이, 이전에, 이미
- 经历 jīnglì 동 겪다, 경험하다 명 경력, 경험
- 经济 jīngjì 명 경제, 국민 경제

8획 经 经 经 经 经 经 经 经

经

0059

就

jiù

就 나아갈 취, 관대할 여

부 바로, 즉
동 종사하다

- 就是 jiù shì 바로 ~이다
- 就业 jiùyè 동 취직하다, 취업하다

12획 就 就 就 就 就 就 就 就 就 就 就 就

就

0060

考

kǎo

考 생각할 고, 살필 고

명 동 시험(보다), 테스트(하다)
동 연구하다, 고증하다

- 考试 kǎoshì 동 시험을 치다 명 시험
- 思考 sīkǎo 동 사고하다, 깊이 생각하다
- 参考 cānkǎo 동 참고하다, 참조하다

6획 考 考 考 考 考 考

考

0061

可
kě

可 옳을 가

동 허가·가능을 나타냄
접 역접을 나타냄

- 可以 kěyǐ 조동 ~할 수 있다 형 좋다, 괜찮다
- 可是 kěshì 접 그러나, 하지만, 그렇지만

5획 可 可 可 可 可

可

0062

课
kè

課 공부할 과, 과정 과

명 수업, 강의 / 과

- 上课 shàngkè 동 수업하다
- 下课 xiàkè 동 수업이 끝나다
- 课本 kèběn 명 교과서, 교재

10획 课 课 课 课 课 课 课 课 课 课

课

0063

快
kuài

快 쾌할 쾌

형 빠르다 / 유쾌하다, 즐겁다
부 곧

- 赶快 gǎnkuài 부 황급히, 재빨리
- 快乐 kuàilè 형 즐겁다, 유쾌하다
- 快要 kuàiyào 부 곧, 머지않아

7획 快 快 快 快 快 快 快

快

0064

乐
lè / yuè

樂 노래 악, 즐길 락(낙)

lè 형 즐겁다, 기쁘다
동 즐기다, 좋아하다
yuè 명 음악

- 乐观 lèguān 형 낙관적이다
- 音乐 yīnyuè 명 음악
- 乐器 yuèqì 명 악기

5획 乐 乐 乐 乐 乐

乐

0065

累
lèi

纍 여러 루(누), 자주 루(누)

형 지치다, 피곤하다

- 劳累 láolèi 형 지치다, 피로하다

11획 累 累 累 累 累 累 累 累 累 累 累

累

0066

离
lí

離 떠날 리(이), 산신 리(이)

전 ~로부터
동 분리하다, 헤어지다

- 距离 jùlí 명 거리, 간격
- 离婚 líhūn 동 이혼하다
- 离别 líbié 동 이별하다, 헤어지다

10획 离 离 离 离 离 离 离 离 离 离

离

0067

两
liǎng

兩 두 량(양), 냥 냥(양)

수 2, 둘

- 两边 liǎngbiān 명 양변, 양쪽, 두 방면
- 两倍 liǎng bèi 두 배

7획 两 两 两 两 两 两 两

两

0068

路
lù

路 길 로(노)

명 길, 도로, 노선

- 道路 dàolù 명 도로, 길
- 十字路口 shízì lùkǒu 명 사거리

13획 路 路 路 路 路 路 路 路 路 路 路 路 路

路

0069

卖
mài

賣 팔 매

동 팔다, 판매하다

- 外卖 wàimài 동 (음식을) 포장 판매하다
  명 포장 판매 음식, 배달 음식

8획 卖 卖 卖 卖 卖 卖 卖 卖

卖

0070

慢
màn

慢 거만할 만

형 느리다

- 慢点儿 màn diǎnr 천천히
- 慢走 mànzǒu 상투어 안녕히 가세요, 살펴 가세요 [손님을 배웅할 때 하는 말]

14획 慢 慢 慢 慢 慢 慢 慢 慢 慢 慢 慢 慢 慢 慢

慢

0071

忙
máng

忙 바쁠 망

형 바쁘다
명 긴박감, 성급함

- 匆忙 cōngmáng 형 매우 급한 모양, 총망하다
- 急忙 jímáng 부 급히, 황급히
- 连忙 liánmáng 부 얼른, 재빨리, 황급히

6획 忙 忙 忙 忙 忙 忙

忙

0072

猫
māo

貓 고양이 묘

명 고양이

- 小猫(儿) xiǎomāo(r) 명 고양이, 새끼 고양이

11획 猫 猫 猫 猫 猫 猫 猫 猫 猫 猫 猫

猫

0073

每

měi

每 매양 매

대 매, 각, ~마다

• 每天 měitiān 매일
• 每次 měicì 매번

7획 每 每 每 每 每 每 每

每

0074

妹

mèi

妹 누이 매

명 여동생, 누이동생

• 妹妹 mèimei 명 여동생
• 妹夫 mèifu 명 매부, 여동생의 남편

8획 妹 妹 妹 妹 妹 妹 妹 妹

妹

0075

门

mén

門 문 문

명 문
양 과목

• 门口 ménkǒu 명 입구, 현관
• 关门 guānmén 동 문을 닫다 / 폐업하다
• 一门 yì mén 한 과목, 한 종목 [학문·기술 등에 대해 쓰임]

3획 门 门 门

门

0076

奶

nǎi

奶 젖 내

명 젖, 유방

• 牛奶 niúnǎi 명 우유
• 奶奶 nǎinai 명 할머니

5획 奶 奶 奶 奶 奶

奶

0077

男

nán

男 사내 남

명 남자

- 男人 nánrén 명 (성인) 남자
- 男女 nánnǚ 명 남녀
- 男朋友 nán péngyou 남자친구

7획 男 男 男 男 男 男 男

男

0078

您

nín

您 너 니(이), 너 님(임)

대 당신 ['你'의 높임말]

- 您好 nín hǎo 상투어 안녕하세요 ['你好'의 높임말]

11획 您 您 您 您 您 您 您 您 您 您 您

您

0079

牛

niú

牛 소 우

명 소

- 牛肉 niúròu 명 쇠고기
- 牛排 niúpái 명 스테이크, 두툼하게 자른 소고기

4획 牛 牛 牛 牛

牛

0080

旁

páng

旁 곁 방, 달릴 팽

명 옆, 가, 곁

- 旁听 pángtīng 동 방청하다, 청강하다

10획 旁 旁 旁 旁 旁 旁 旁 旁 旁 旁

旁

0081

跑
pǎo

跑 허빌 포

동 달리다, 뛰다

- 跑步 pǎobù 동 달리다
- 慢跑 mànpǎo 명 조깅, 천천히 달리기
- 逃跑 táopǎo 동 도망가다, 달아나다

12획 跑 跑 跑 跑 跑 跑 跑 跑 跑 跑 跑 跑

跑

0082

票
piào

票 표 표

명 표

- 票价 piàojià 명 표의 가격
- 发票 fāpiào 명 영수증
- 彩票 cǎipiào 명 복권

11획 票 票 票 票 票 票 票 票 票 票 票

票

0083

起
qǐ

起 일어날 기

동 일어서다, 일어나다

- 起立 qǐlì 동 일어서다 [주로 구령으로 쓰임]

10획 起 起 起 起 起 起 起 起 起 起

起

0084

汽
qì

汽 물 끓는 김 기

명 (수)증기, 김 / 기체

- 水汽 shuǐqì 명 수증기
- 汽车站 qìchēzhàn 명 정류장
- 汽油 qìyóu 명 휘발유, 가솔린

7획 汽 汽 汽 汽 汽 汽 汽

汽

0085

千
qiān

韆 일천 천, 밭두둑 천, 그네 천

수 천 [단위] / 많은 수량 [비유]

- 一千 yìqiān 수 일천, 1000
- 千万 qiānwàn 수 천만 형 수가 많다 [비유] 부 부디, 제발

3획 千 千 千

千

0086

情
qíng

情 뜻 정

명 감정

- 感情 gǎnqíng 명 감정
- 无情 wúqíng 형 무정하다
- 同情 tóngqíng 명 동 동정(하다) / 공감(하다)

11획 情 情 情 情 情 情 情 情 情 情 情

情

0087

晴
qíng

晴 갤 청

형 하늘이 맑다

- 晴天 qíngtiān 명 맑게 갠 하늘, 맑은 하늘
- 晴朗 qínglǎng 형 구름 한 점 없이 쾌청하다, 맑다

12획 晴 晴 晴 晴 晴 晴 晴 晴 晴 晴 晴 晴

晴

0088

球
qiú

球 공 구

명 구, 공

- 足球 zúqiú 명 축구
- 乒乓球 pīngpāngqiú 명 탁구
- 球迷 qiúmí 명 축구 팬, 구기운동을 좋아하는 사람

11획 球 球 球 球 球 球 球 球 球 球 球

球

0089

然

rán

然 그럴 연, 불탈 연

접 그러나, 그렇지만
접미 ~한, ~같은, ~처럼

- 然而 rán'ér 접 그렇지만, 그러나, 그런데
- 当然 dāngrán 형 당연하다, 물론이다 부 당연히
- 必然 bìrán 형 필연적인

12획 然 然 然 然 然 然 然 然 然 然 然 然

然

0090

让

ràng

讓 사양할 양

동 사양하다, 양보하다 /
~하도록 시키다

- 让座 ràngzuò 동 좌석을 양보하다, 자리를 권하다
- 让步 ràngbù 동 양보하다

5획 让 让 让 让 让

让

0091

日

rì

日 날 일

명 해, 일, 날

- 节日 jiérì 명 경축일, 명절
- 日期 rìqī 명 날짜, 기간
- 日子 rìzi 명 날, 날짜 / 생활, 살림, 형편

4획 日 日 日 日

日

0092

肉

ròu

肉 고기 육, 둘레 유

명 고기

- 猪肉 zhūròu 명 돼지고기
- 烤肉 kǎoròu 명 고기구이
- 羊肉串儿 yángròuchuànr 양꼬치
- 锅包肉 guōbāoròu 꿔바로우 [중국식 찹쌀 탕수육]

6획 肉 肉 肉 肉 肉 肉

肉

0093

色
sè

色 빛 색

명 색 / 정경, 경치

- 颜色 yánsè 명 색, 색깔
- 特色 tèsè 명 특색, 특징
- 景色 jǐngsè 명 풍경, 경치

6획 色 色 色 色 色 色

色

0094

身
shēn

身 몸 신, 나라 이름 건

명 몸, 신체

- 身体 shēntǐ 명 몸, 신체
- 身材 shēncái 명 몸매, 체격
- 全身 quánshēn 명 전신, 온몸

7획 身 身 身 身 身 身 身

身

0095

事
shì

事 일 사

명 일 / 사고, 사건

- 事情 shìqing 명 일, 사건
- 故事 gùshi 명 이야기
- 事实 shìshí 명 사실

8획 事 事 事 事 事 事 事 事

事

0096

试
shì

試 시험 시

동 시험 삼아 해 보다, 시험하다

- 试行 shìxíng 동 시험 삼아 해 보다
- 试卷 shìjuàn 명 시험지

8획 试 试 试 试 试 试 试 试

试

0097

室
shì

室 집 실

명 방 / 기관·단체의 업무 단위로서의 실

- 室内 shìnèi 명 실내
- 卧室 wòshì 명 침실

9획 室 室 室 室 室 室 室 室 室

室

0098

手
shǒu

手 손 수

명 손

- 手指 shǒuzhǐ 명 손가락
- 握手 wòshǒu 동 악수하다
- 手术 shǒushù 명 동 수술(하다)

4획 手 手 手 手

手

0099

司
sī

司 맡을 사

동 주관하다, 관장하다
명 국(局), 부(部)

- 司机 sījī 명 운전사, 조정사
- 司法 sīfǎ 명 (법률) 사법
- 公司 gōngsī 명 회사

5획 司 司 司 司 司

司

0100

思
sī

思 생각 사, 수염이 많을 새

동 생각하다, 고려하다 / 그리워하다

- 深思 shēnsī 동 깊이 생각하다
- 思念 sīniàn 동 그리워하다

9획 思 思 思 思 思 思 思 思 思

思

0101

送
sòng

送 보낼 송

동 보내다 / 선물하다

- 发送 fāsòng 동 발송하다
- 外送 wàisòng 동 배달하다
- 送礼 sònglǐ 동 선물을 보내다
- 赠送 zèngsòng 동 증정하다

9획 送 送 送 送 送 送 送 送 送

送

0102

诉
sù

訴 하소연할 소, 헐뜯을 척

동 알리다 / 고발하다

- 诉讼 sùsòng 명 동 소송(하다), 재판(을 걸다)
- 投诉 tóusù 동 소송하다, 고소하다

7획 诉 诉 诉 诉 诉 诉 诉

诉

0103

虽
suī

雖 비록 수, 짐승 이름 유

접 비록 ~하지만 / 설령 ~라 하더라도

- 虽然 suīrán 접 비록 ~일지라도

9획 虽 虽 虽 虽 虽 虽 虽 虽 虽

虽

0104

所
suǒ

所 바 소

명 장소, 곳
양 채, 곳 [집·건물 등을 세는 단위]

- 厕所 cèsuǒ 명 변소, 화장실
- 一所学校 yì suǒ xuéxiào 학교 한 곳

8획 所 所 所 所 所 所 所 所

所

0105

它
tā

它 다를 타, 뱀 사

대 그, 저, 그것, 저것 [사람 이외의 것]

- 它们 tāmen 대 그것들, 저것들

5획 它 它 它 它 它

它

0106

题
tí

題 제목 제

명 제목 / 문제

- 题目 tímù 명 제목
- 话题 huàtí 명 화제, 논제

15획 题 题 题 题 题 题 题 题 题 题 题 题 题 题 题

题

0107

体
tǐ

體 용렬할 분, 몸 체

명 몸, 신체 / 물체

- 体育 tǐyù 명 체육, 스포츠
- 物体 wùtǐ 명 물체
- 具体 jùtǐ 형 구체적이다

7획 体 体 体 体 体 体 体

体

0108

跳
tiào

跳 뛸 도, 뛸 조

동 뛰다, 도약하다

- 跳舞 tiàowǔ 동 춤을 추다
- 跳绳 tiàoshéng 명 줄넘기

13획 跳 跳 跳 跳 跳 跳 跳 跳 跳 跳 跳 跳 跳

跳

0109

外
wài

外 바깥 외

명 밖, 바깥 / 외국 / ~이외

- 外面 wàimian 명 바깥, 밖
- 外国人 wàiguórén 명 외국인
- 另外 lìngwài 대 다른, 그 밖의 부 달리, 그 밖에

5획 外 外 外 外 外

外

0110

完
wán

完 완전할 완

형 완전하다, 완벽하다
동 마치다, 끝나다

- 完美 wánměi 형 완미하다, 완벽하다
- 完成 wánchéng 동 완성하다

7획 完 完 完 完 完 完 完

完

0111

玩
wán

玩 희롱할 완

동 놀다, 놀이하다

- 玩儿 wánr 동 놀다
- 玩具 wánjù 명 장난감, 완구

8획 玩 玩 玩 玩 玩 玩 玩 玩

玩

0112

晚
wǎn

晚 늦을 만

명 저녁, 밤
형 늦은, 끝나가는, 말(末)의

- 夜晚 yèwǎn 명 밤, 야간
- 晚会 wǎnhuì 명 이브닝 파티, 만찬회
- 晚安 wǎn'ān 잘 자, 안녕히 주무세요
- 晚点 wǎndiǎn 동 (차·선박·비행기 등이) 연착하다

11획 晚 晚 晚 晚 晚 晚 晚 晚 晚 晚 晚

晚

0113

往

wǎng

往 갈 왕

동 가다
형 이전의, 옛날의
전 ~쪽으로, ~(을) 향해

• 往来 wǎnglái 동 왔다갔다하다, 왕래하다
• 往返 wǎngfǎn 동 왕복하다
• 往事 wǎngshì 명 지난일, 옛일
• 往前看 wǎng qián kàn 앞을 향해 보다

8획 往 往 往 往 往 往 往 往

往

0114

为

wéi / wèi

爲 하 위, 할 위

wéi 동 ~이다 / ~이 되다
wèi 전 ~때문에 / ~을 위해

• 成为 chéngwéi 동 ~이(가) 되다
• 因为 yīnwèi 접 왜냐하면

4획 为 为 为 为

为

0115

问

wèn

問 물을 문

동 묻다, 질문하다

• 问题 wèntí 명 문제, 질문
• 反问 fǎnwèn 명 동 반문(하다)
• 问候 wènhòu 동 안부를 묻다, 문안하다

6획 问 问 问 问 问 问

问

0116

洗

xǐ

洗 씻을 세, 깨끗할 선

동 씻다 / 빨다

• 洗澡 xǐzǎo 동 목욕하다, 몸을 씻다
• 洗碗 xǐwǎn 설거지하다
• 洗衣服 xǐ yīfu 빨래하다

9획 洗 洗 洗 洗 洗 洗 洗 洗 洗

洗

0117

笑
xiào

笑 웃음 소

동 웃다

- 微笑 wēixiào 동 미소를 짓다 명 미소
- 嘲笑 cháoxiào 동 조소하다, 비웃다

10획 笑 笑 笑 笑 笑 笑 笑 笑 笑 笑

笑

0118

新
xīn

新 새 신

형 새로운

- 新闻 xīnwén 명 뉴스
- 重新 chóngxīn 부 다시, 재차

13획 新 新 新 新 新 新 新 新 新 新 新 新 新

新

0119

姓
xìng

姓 성씨 성

명 성, 성씨
동 성이 ~이다

- 姓名 xìngmíng 명 성명
- 姓氏 xìngshì 명 성씨

8획 姓 姓 姓 姓 姓 姓 姓 姓

姓

0120

休
xiū

休 쉴 휴, 따뜻하게 할 후

동 휴식하다, 쉬다 / 그만두다

- 休闲 xiūxián 동 한가하게 지내다
- 休学 xiūxué 명 동 휴학(하다)
- 退休 tuìxiū 동 퇴직하다

6획 休 休 休 休 休 休

休

0121

雪

xuě

雪 눈 설

명 눈

형 (눈처럼) 흰, 새하얀

- 雪人 xuěrén 명 눈사람
- 雪花 xuěhuā 명 눈, 눈송이
- 下雪 xià xuě 눈이 내리다
- 雪上加霜 xuěshàng jiāshuāng 성 설상가상이다

11획 雪 雪 雪 雪 雪 雪 雪 雪 雪 雪 雪

雪

0122

眼

yǎn

眼 눈 안, 눈 불거질 은

명 눈 [신체]

- 眼镜 yǎnjìng 명 안경
- 眼光 yǎnguāng 명 시선, 눈길, 안목
- 眼神 yǎnshén 명 눈매, 눈빛, 시력

11획 眼 眼 眼 眼 眼 眼 眼 眼 眼 眼 眼

眼

0123

羊

yáng

羊 양 양

명 양 [동물]

- 羊肉 yángròu 명 양고기
- 羊毛 yángmáo 명 양모, 양털
- 羊毛衫 yángmáoshān 명 양모(울) 셔츠

6획 羊 羊 羊 羊 羊 羊

羊

0124

药

yào

藥 약 약

명 약, 약물

- 药店 yàodiàn 명 약국, 약방
- 药房 yàofáng 명 약국

9획 药 药 药 药 药 药 药 药 药

药

0125

要 yào

要 요긴할 요

조동 ~하려고 하다
동 필요하다, 원하다 / 요구하다
형 중요하다
접 만약

- 需要 xūyào 동 필요하다
- 重要 zhòngyào 형 중요하다
- 要是 yàoshi 접 만약 ~이라면

9획 要 要 要 要 要 要 要 要 要

要

0126

也 yě

也 어조사 야

부 ~도

- 也好 yěhǎo 조 ~하는 편이 좋다 / ~든 ~든 [중복 사용]

3획 也 也 也

也

0127

已 yǐ

已 이미 이

동 그치다, 끝나다
부 이미, 벌써

- 不已 bùyǐ 동 (계속하여) 그치지 않다
- 已经 yǐjīng 부 이미, 벌써

3획 已 已 已

已

0128

以 yǐ

以 써 이

동 ~라고 여기다
전 ~로써, ~에 의거하여

- 以为 yǐwéi 동 여기다, 간주하다

4획 以 以 以 以

以

0129

意
yì

意 뜻 의, 기억할 억

명 생각, 마음 / 의미 / 의견

- 满意 mǎnyì 동 만족하다 형 만족스럽다
- 好意 hǎoyì 명 호의, 선의
- 意思 yìsi 명 의미, 뜻 / 재미 / 성의
- 主意 zhǔyi 명 의견, 생각, 방법

13획 意 意 意 意 意 意 意 意 意 意 意 意 意

意

0130

因
yīn

因 인할 인

명 이유, 원인
접 ~때문에

- 原因 yuányīn 명 원인
- 因此 yīncǐ 접 이 때문에, 그래서
- 因而 yīn'ér 접 그러므로, 그래서 [결과를 나타냄]

6획 因 因 因 因 因 因

因

0131

阴
yīn

陰 그늘 음, 침묵할 암

형 흐리다
명 음 [↔阳]

- 阴天 yīntiān 명 흐린 날씨
- 阴历 yīnlì 명 음력

6획 阴 阴 阴 阴 阴 阴

阴

0132

泳
yǒng

泳 헤엄칠 영

동 수영하다, 헤엄치다

- 游泳 yóuyǒng 동 수영하다 명 수영, 헤엄
- 泳池 yǒngchí 명 수영장

8획 泳 泳 泳 泳 泳 泳 泳 泳

泳

0133

游
yóu

游 헤엄칠 유, 깃발 류(유)

동 이리저리 다니다, 유람하다 / 헤엄치다

- 旅游 lǚyóu 동 여행하다, 관광하다
- 游览 yóulǎn 동 유람하다
- 导游 dǎoyóu 명 가이드

12획 游 游 游 游 游 游 游 游 游 游 游 游

游

0134

右
yòu

右 오른쪽 우, 도울 우

명 우측, 오른쪽

- 右边(儿) yòubiān(r) 명 오른쪽, 우측
- 左右 zuǒyòu 명 좌우 / 가량, 안팎, 내외
- 右手 yòushǒu 명 오른손

5획 右 右 右 右 右

右

0135

鱼
yú

魚 물고기 어

명 물고기

- 钓鱼 diàoyú 동 낚시하다
- 美人鱼 měirényú 명 인어
- 鱼糕 yúgāo 명 어묵

8획 鱼 鱼 鱼 鱼 鱼 鱼 鱼 鱼

鱼

0136

员
yuán

員 인원 원, 더할 운

명 (단체의) 구성원 / 어떤 분야에 종사하고 있는 사람

- 员工 yuángōng 명 (회사의) 직원
- 服务员 fúwùyuán 명 종업원
- 演员 yǎnyuán 명 배우, 연기자

7획 员 员 员 员 员 员 员

员

0137

远
yuǎn

遠 멀 원

형 (시·공간의 거리가) 멀다, (관계·사이가) 멀다

- 永远 yǒngyuǎn 부 영원히
- 远方 yuǎnfāng 명 원방, 먼 곳
- 疏远 shūyuǎn 형 소원하다 동 멀리하다

7획 远 远 远 远 远 远 远

远

0138

运
yùn

運 옮길 운

동 운동하다 / 운반하다
명 운, 운세, 운명

- 运动会 yùndònghuì 명 운동회
- 运气 yùnqi 명 운수, 운세
- 命运 mìngyùn 명 운명, 발전 변화의 추세

7획 运 运 运 运 运 运 运

运

0139

早
zǎo

早 이를 조

명 아침
형 (때가) 이르다
부 일찍이

- 早上 zǎoshang 명 아침
- 早午餐 zǎowǔcān 명 브런치
- 早点儿 zǎo diǎnr 일찍
- 迟早 chízǎo 부 조만간, 머지않아

6획 早 早 早 早 早 早

早

0140

站
zhàn

站 역마을 참, 우두커니 설 참

동 서다, 일어서다
명 정거장, 역 / (어떤 업무를 위해 설치된) 소

- 站住 zhànzhù 동 (사람·차량 등이) 멈추다 / 제대로 서다, 바로 서다
- 车站 chēzhàn 명 (버스) 정거장, 정류장
- 网站 wǎngzhàn 명 웹사이트

10획 站 站 站 站 站 站 站 站 站 站

站

0141

着

zháo / zhe

著 붙을 착, 나타날 저

zháo 동 동사 뒤에서 목적이 달성되었거나 결과가 있음을 표시함

zhe 조 ~하고 있다

- 找着 zhǎozháo 동 찾아내다
- 等着 děng zhe 기다리고 있다

11획 着 着 着 着 着 着 着 着 着 着 着

着

0142

找

zhǎo

找 채울 조, 삿대질 할 화

동 찾다, 구하다

- 寻找 xúnzhǎo 동 찾다
- 找到 zhǎo dào 찾아내다
- 找工作 zhǎo gōngzuò 일자리를 구하다
- 找人 zhǎo rén 사람을 찾다

7획 找 找 找 找 找 找 找

找

0143

真

zhēn

眞 참 진

형 진실하다

부 확실히, 진정으로

- 真实 zhēnshí 형 진실하다
- 真相 zhēnxiàng 명 진상, 실상
- 真的 zhēn de 참으로, 진실로 / 진짜(물건)

10획 真 真 真 真 真 真 真 真 真 真

真

0144

正

zhèng

正 바를 정, 정월 정

형 바르다

부 마침

- 正确 zhèngquè 형 정확하다, 올바르다
- 正好 zhènghǎo 형 꼭 맞다 부 마침, 때마침
- 正在 zhèngzài 부 지금 (~하고 있는 중이다)

5획 正 正 正 正 正

正

0145

知
zhī

知 알 지

동 알다, 이해하다
명 지식, 학문

- 知道 zhīdào 동 알다, 이해하다
- 无知 wúzhī 형 무지하다, 아는 것이 없다
- 知足 zhīzú 동 분수를 지키어 만족할 줄을 알다

8획 知 知 知 知 知 知 知 知

知

0146

纸
zhǐ

紙 종이 지

명 종이

- 纸杯 zhǐbēi 명 종이컵
- 纸巾 zhǐjīn 명 티슈, 화장지

7획 纸 纸 纸 纸 纸 纸 纸

纸

0147

助
zhù

助 도울 조, 없앨 서

동 돕다, 협조하다

- 助手 zhùshǒu 명 조수, 선수 보조원
- 协助 xiézhù 동 협조하다

7획 助 助 助 助 助 助 助

助

0148

走
zǒu

走 달릴 주

동 걷다 / 가다 / 떠나다

- 走着去 zǒu zhe qù 걸어가다
- 拿走 ná zǒu 가지고 가다
- 偷走 tōu zǒu 훔쳐 달아나다

7획 走 走 走 走 走 走 走

走

0149

最

zuì

最 가장 최

부 가장, 제일

- 最好 zuìhǎo 형 가장 좋다 부 (제일) 좋기는
- 最初 zuìchū 명 최초, 맨 처음

12획 最 最 最 最 最 最 最 最 最 最 最 最

最

0150

左

zuǒ

左 왼 좌

명 좌측, 왼쪽

- 左侧 zuǒcè 명 좌측, 왼쪽

5획 左 左 左 左 左

左

중국어 상용한자 2급

1 다음 빈 칸을 채워서 써 보세요.

	간체자	한어병음	뜻
❶	弟弟		
❷		chànggē	
❸		pángbiān	
❹			빨간색

2 다음 그림을 보고 알맞은 동물 이름의 한자와 한어병음을 쓰세요.

❶  ______ ______

❷  ______ ______

❸  ______ ______

❹  ______ ______

❺  ______ ______

3 밑줄 친 단어와 상반되는 한자를 보기에서 찾아 쓰세요.

보기	出 chū	远 yuǎn	黑 hēi	右 yòu	快 kuài

❶ 雪是白色的。 눈은 하얀색이다.
Xuě shì báisè de.

白 ↔ ______

❷ 你进去吧! 너가 들어가!
Nǐ jìnqu ba!
进 ↔ ______

❸ 往左边看! 왼쪽을 향해 봐!
Wǎng zuǒbiān kàn!
左 ↔ ______

❹ 我比你慢。 내가 너보다 느려.
Wǒ bǐ nǐ màn.
慢 ↔ ______

❺ 这儿比那儿近。 여기가 저기보다 가까워.
Zhèr bǐ nàr jìn.
近 ↔ ______

4 다음 한자를 활용하여 단어를 만들어 보세요.

❶ 考 kǎo → ______

❷ 动 dòng → ______

❸ 外 wài → ______

❹ 问 wèn → ______

5 다음 문장을 한어병음을 보며 중국어로 써 보세요.

❶ 내가 너를 도와 줄게!
Wǒ bāng nǐ ba!
→ ______!

❷ 오빠가 너를 기다려.
Gēge děng nǐ.
→ ______。

❸ 나도 알아.
Wǒ yě zhīdào.
→ ______。

❹ 너 웃지 마!
Nǐ bié xiào!
→ ______!

❺ 난 다 팔았다.
Wǒ mài wán le.
→ ______。

➡ 정답 278쪽

단어 그림 찾기

✎ 다음 단어에 해당하는 그림을 찾아보세요.

玩具 / 西瓜 / 男孩 / 小狗

➡ 정답 278쪽

3급

상용한자

☑ 300자

3급 원어민 발음 듣기

0001

阿

ā

阿 언덕 아, 호칭 옥

접두 이름·호칭 앞에 쓰임

- 阿姨 āyí 명 아주머니, 이모
- 阿Q Ā Q 아큐 [노신(鲁迅)의 소설 《아큐정전(阿Q正传)》의 주인공]

7획 阿 阿 阿 阿 阿 阿 阿

阿

0002

啊

a

啊 사랑할 아

조 문장 끝에 쓰여 감탄·찬탄을 나타냄

- 天啊 tiān a 세상에, 어머나

10획 啊 啊 啊 啊 啊 啊 啊 啊 啊 啊

啊

0003

安

ān

安 편안 안

형 안전하다 / 안정되다, 편안하다

- 安全 ānquán 형 안전하다
- 安静 ānjìng 형 안정하다, 조용하다
- 不安 bù'ān 형 불안하다

6획 安 安 安 安 安 安

安

0004

把

bǎ

把 잡을 파, 긁을 파

양 자루, 개 [손잡이가 있는 물건을 세는 단위]

동 (손으로) 쥐다, 잡다

전 ~을(를) [목적어를 동사 앞으로 옮길 때 쓰임]

- 一把刀 yì bǎ dāo 칼 한 자루
- 把手 bǎshou 명 손잡이, 핸들

7획 把 把 把 把 把 把 把

把

0005

般
bān

般 가지 반, 일반 반

형 보통의, 일반의

• 一般 yìbān 형 보통이다, 일반적이다

10획 般 般 般 般 般 般 般 般 般 般

般

0006

搬
bān

搬 옮길 반

동 운반하다 /
이사하다, 옮겨가다

• 搬运 bānyùn 동 운송하다, 수송하다, 운반하다
• 搬家 bānjiā 동 이사하다

13획 搬 搬 搬 搬 搬 搬 搬 搬 搬 搬 搬 搬 搬

搬

0007

板
bǎn

闆 널빤지 판

명 판자, 널빤지

• 板子 bǎnzi 명 판자
• 木板 mùbǎn 명 널빤지

8획 板 板 板 板 板 板 板 板

板

0008

办
bàn

辦 힘들일 판

동 (일 등을) 하다, 처리하다

• 办事 bànshì 동 일을 처리하다
• 办法 bànfǎ 명 (일을 처리하는) 방법, 수단
• 怎么办 zěnme bàn 어떻게 하지, 어쩌지

4획 办 办 办 办

办

0009

半
bàn

半 반 반

수 절반, 2분의 1

- 一半(儿) yíbàn(r) 명 반, 절반
- 半年 bàn nián 반년, 6개월

5획 半 半 半 半 半

半

0010

包
bāo

包 쌀 포, 꾸러미 포

명 주머니 가방
동 (종이·베 등 얇은 것으로) 싸다 / 포함하다, 포괄히다

- 书包 shūbāo 명 책가방
- 包装 bāozhuāng 동 물건을 포장하다
- 包括 bāokuò 동 포함하다, 포괄하다

5획 包 包 包 包 包

包

0011

饱
bǎo

飽 배부를 포

형 배부르다

- 吃饱 chī bǎo 배불리 먹다

8획 饱 饱 饱 饱 饱 饱 饱 饱

饱

0012

北
běi

北 북녘 북, 달아날 배

명 북, 북쪽

- 北京 Běijīng 베이징 [중국 수도]
- 北方 běifāng 명 북쪽, 북방
- 北极 běijí 명 북극

5획 北 北 北 北 北

北

0013

备
bèi

備 갖출 비

동 갖추다 / 준비하다
명 설비

- 具备 jùbèi 동 갖추다, 구비하다
- 准备 zhǔnbèi 동 준비하다
- 设备 shèbèi 명 설비, 시설

8획 备 备 备 备 备 备 备 备

备

0014

被
bèi

被 입을 피

명 이불
전 (~에게) 당하다 [동사 앞에 쓰여서 피동을 나타냄]

- 被子 bèizi 명 이불
- 被动 bèidòng 형 피동적이다, 수동적이다
- 被甩了 bèi shuǎi le 차였다

10획 被 被 被 被 被 被 被 被 被 被

被

0015

必
bì

必 반드시 필

부 반드시, 꼭

- 必须 bìxū 부 반드시 ~해야 한다, 꼭 ~해야 한다
- 必要 bìyào 명 필요 형 필요로 하다
- 未必 wèibì 부 반드시 ~한 것은 아니다

5획 必 必 必 必 必

必

0016

变
biàn

變 변할 변

동 변하다, 달라지다

- 改变 gǎibiàn 명 변화 동 변하다, 달라지다

8획 变 变 变 变 变 变 变 变

变

0017

宾

bīn

賓 손 빈

명 손님

- 来宾 láibīn 명 내빈, 손님
- 宾馆 bīnguǎn 명 호텔
- 嘉宾 jiābīn 명 귀빈

10획 宾 宾 宾 宾 宾 宾 宾 宾 宾 宾

宾

0018

冰

bīng

冰 얼음 빙, 엉길 응

명 얼음

- 冰箱 bīngxiāng 명 냉장고
- 冰块(儿) bīngkuài(r) 명 얼음 조각, 얼음덩이
- 冰激凌 bīngjīlíng 명 아이스크림
- 刨冰 bàobīng 명 빙수

6획 冰 冰 冰 冰 冰 冰

冰

0019

才

cái

纔 재주 재

부 금방 / 비로소 / 겨우
명 재능

- 刚才 gāngcái 명 아까, 방금, 전
- 天才 tiāncái 명 천재

3획 才 才 才

才

0020

参

cān

參 참여할 참, 석 삼

동 참여하다, 가입하다 / 참고하다

- 参加 cānjiā 동 참가하다, 가입하다, 참여하다
- 参观 cānguān 동 참관하다

8획 参 参 参 参 参 参 参 参

参

0021

草

cǎo

草 풀 초

명 풀

- 草木 cǎomù 명 초목, 풀과 나무
- 草地 cǎodì 명 잔디(밭) / 초원
- 草莓 cǎoméi 명 딸기

9획 草 草 草 草 草 草 草 草 草

草

0022

层

céng

層 층 층

양 층, 겹
명 층, 계층, 계급

- 一层 yī céng 일 층
- 楼层 lóucéng 명 (건물의) 층수
- 阶层 jiēcéng 명 계층

7획 层 层 层 层 层 层 层

层

0023

差

chā / chà / chāi

差 다를 차, 차별 치, 버금 채

chā 명 차이, 상이점
chà 형 부족하다 / 다르다 / 나쁘다
chāi 동 파견하다

- 差别 chābié 명 차별, 차이
- 差一个 chà yí gè 한 개가 부족하다
- 出差 chūchāi 동 출장하다

9획 差 差 差 差 差 差 差 差 差

差

0024

查

chá

查 조사할 사

동 검사하다 / 찾아보다 / 조사하다

- 检查 jiǎnchá 동 검사하다
- 查找 cházhǎo 동 찾다, 조사하다, 수사하다
- 调查 diàochá 명 동 조사(하다)

9획 查 查 查 查 查 查 查 查 查

查

0025

超
chāo

超 뛰어넘을 초

동 넘어서다, 초월하다
접두 초(super)

- 超过 chāoguò 동 초과하다, 넘다
- 超越 chāoyuè 동 넘어서다, 초월하다
- 超级 chāojí 형 초, 뛰어난

12획 超 超 超 超 超 超 超 超 超 超 超 超

超

0026

衬
chèn

襯 속옷 친, 속옷 츤

명 안감

- 衬衫 chènshān 명 셔츠, 와이셔츠

8획 衬 衬 衬 衬 衬 衬 衬 衬

衬

0027

成
chéng

成 이룰 성

동 이루다 / 성숙하다
명 성취, 성과

- 成功 chénggōng 동 성공하다 형 성공적이다
- 成人 chéngrén 동 어른이 되다 명 성인
- 成绩 chéngjì 명 (일·학업상의) 성적, 성과, 수확

6획 成 成 成 成 成 成

成

0028

城
chéng

城 재 성

명 도시 / 성벽

- 城市 chéngshì 명 도시
- 城墙 chéngqiáng 명 성벽

9획 城 城 城 城 城 城 城 城 城

城

0029

迟
chí

遲 더딜 지, 늦을 지

형 늦다, 더디다

- 迟到 chídào 동 지각하다

7획 迟 迟 迟 迟 迟 迟 迟

迟

0030

重
chóng / zhòng

重 무거울 중, 아이 동

chóng 동 중복하다
zhòng 형 무겁다 / 중요하다

- 重复 chóngfù 동 중복하다, 반복하다
- 重点 zhòngdiǎn 명 중점

9획 重 重 重 重 重 重 重 重 重

重

0031

除
chú

除 덜 제, 음력 사월 여

동 없애다, 제거하다 / 제외하다

- 删除 shānchú 동 삭제하다, 지우다
- 除了 chúle 접 ~을(를) 제외하고

9획 除 除 除 除 除 除 除 除 除

除

0032

楚
chǔ

楚 초나라 초, 회초리 초

형 분명하다

- 清楚 qīngchu 형 분명하다, 뚜렷하다

13획 楚 楚 楚 楚 楚 楚 楚 楚 楚 楚 楚 楚 楚

楚

0033

船
chuán

船 배 선

명 선박, 배

- 客船 kèchuán 명 여객선
- 船舶 chuánbó 명 배, 선박

11획 船 船 船 船 船 船 船 船 船 船 船

船

0034

春
chūn

春 봄 춘, 움직일 준

명 봄

- 春天 chūntiān 명 봄, 봄철
- 春夏秋冬 chūn xià qiū dōng 춘하추동, 봄 여름 가을 겨울
- 春节 Chūn Jié 춘절
- 青春 qīngchūn 명 청춘

9획 春 春 春 春 春 春 春 春 春

春

0035

词
cí

詞 말 사, 글 사

명 단어

- 词典 cídiǎn 명 사전
- 词汇 cíhuì 명 어휘

7획 词 词 词 词 词 词 词

词

0036

聪
cōng

聰 귀 밝을 총

형 영리하다, 총명하다

- 聪明 cōngming 형 총명하다, 영리하다
- 聪慧 cōnghuì 형 총명하다, 지혜롭다

15획 聪 聪 聪 聪 聪 聪 聪 聪 聪 聪 聪 聪 聪 聪 聪

聪

상용한자 1급
상용한자 2급
상용한자 3급
상용한자 4급
부록

0037

答
dā / dá

答 대답 답

dā / dá 동 대답하다

- 答应 dāying 동 응답하다, 승낙하다
- 答案 dá'àn 명 답, 답안, 해답

12획 答 答 答 答 答 答 答 答 答 答 答 答

答

0038

带
dài

帶 띠 대

동 휴대하다, 지니다 / 이끌다
명 띠, 벨트, 끈

- 带走 dài zǒu 가지고 가다
- 鞋带(儿) xiédài(r) 명 신발 끈
- 领带 lǐngdài 명 넥타이

9획 带 带 带 带 带 带 带 带 带

带

0039

担
dān

擔 떨칠 단, 올릴 걸, 멜 담

동 (책임·일을) 맡다, 담당하다

- 负担 fùdān 명 부담, 책임 동 부담하다
- 分担 fēndān 동 분담하다, 나누어 맡다
- 承担 chéngdān 동 맡다, 담당하다

8획 担 担 担 担 担 担 担 担

担

0040

单
dān

單 홑 단, 오랑캐 이름 선

형 홑의, 하나의 / 혼자의 / 간단하다

- 单身 dānshēn 명 단신, 홀몸, 독신
- 简单 jiǎndān 형 간단하다, 단순하다

8획 单 单 单 单 单 单 单 单

单

0041

蛋
dàn

蛋 새알 단

명 (동물의) 알

- 鸭蛋 yādàn 명 오리 알 / 빵점, 영점 [속어]
- 蛋糕 dàngāo 명 케이크
- 蛋挞 dàntǎ 에그타르트

11획 蛋 蛋 蛋 蛋 蛋 蛋 蛋 蛋 蛋 蛋 蛋

蛋

0042

当
dāng / dàng

當 마땅 당

dāng 동 ~이(가) 되다 / 맡다, 담당하다 / 응당 ~해야 한다

dàng 형 적합하다, 알맞다

- 担当 dāndāng 동 담당하다, 맡다
- 应当 yīngdāng 동 응당 ~해야 한다
- 恰当 qiàdàng 형 알맞다, 타당하다

6획 当 当 当 当 当 当

当

0043

地
de / dì

地 땅 지

de 조 ~하게 [부사어로 쓰이는 단어·구 뒤에 쓰임]

dì 명 땅, 지구, 지면 / 지역, 지점, 장소

- 慢慢地吃 mànmàn de chī 천천히 먹다
- 地球 dìqiú 명 지구
- 地方 dìfang 명 장소, 곳

6획 地 地 地 地 地 地

地

0044

灯
dēng

燈 등잔 정, 등 등

명 등, 등불

- 开灯 kāi dēng 전등을 켜다
- 冰灯节 Bīngdēng Jié 빙등제, 얼음 축제

6획 灯 灯 灯 灯 灯 灯

灯

0045

典
diǎn

典 법 전

명 (표준이 되는) 서적

- 经典 jīngdiǎn 명 경전
- 古典 gǔdiǎn 명 전고, 고전

8획 典 典 典 典 典 典 典 典

典

0046

调
diào / tiáo

調 고를 조, 아침 주

diào 동 이동하다
명 어조
tiáo 동 조절하다, 조정하다

- 调动 diàodòng 동 (위치·용도·인원을) 옮기다, 이동하다
- 强调 qiángdiào 동 강조하다
- 空调 kōngtiáo 명 에어컨
- 调整 tiáozhěng 명 동 조정(하다)

10획 调 调 调 调 调 调 调 调 调 调

调

0047

定
dìng

定 정할 정, 이마 정

부 반드시, 꼭
형 확정된, 규정된
동 정하다, 결정하다 / 안정시키다

- 一定 yídìng 부 반드시, 꼭
- 规定 guīdìng 동 규정하다, 정하다
- 决定 juédìng 동 결정하다
- 安定 āndìng 동 안정시키다 형 (생활·형세 등이) 안정하다

8획 定 定 定 定 定 定 定 定

定

0048

东
dōng

東 동녘 동

명 동쪽

- 东边 dōngbian 명 동쪽
- 东西南北 dōng xī nán běi 동서남북

5획 东 东 东 东 东

东

0049

冬
dōng

鼕 겨울 동, 북소리 동

명 겨울

- 冬天 dōngtiān 명 겨울
- 冬季 dōngjì 명 동계, 겨울철

5획 冬 冬 冬 冬 冬

0050

短
duǎn

短 짧을 단

형 (시공간의 거리가) 짧다

- 短信 duǎnxìn 명 메시지, 짧은 편지
- 短期 duǎnqī 명 단기(일)
- 缩短 suōduǎn 동 (길이·거리·시간 등을) 단축하다, 줄이다

12획 短 短 短 短 短 短 短 短 短 短 短 短

0051

段
duàn

段 층계 단

양 일정한 시간·공간의 거리 또는 구간

명 단락, 단계 / 방법

- 一段时间 yí duàn shíjiān 한동안
- 阶段 jiēduàn 명 단계, 계단
- 段落 duànluò 명 단락, 구분
- 手段 shǒuduàn 명 수단, 방법, 수완

9획 段 段 段 段 段 段 段 段 段

0052

朵
duǒ

朵 늘어질 타

양 송이, 조각 [꽃·구름 등을 세는 단위]

- 花朵 huāduǒ 명 꽃, 꽃송이, 꽃봉오리
- 一朵 yì duǒ 한 송이

6획 朵 朵 朵 朵 朵 朵

0053

饿
è

餓 주릴 아

형 배고프다
동 굶다, 굶주리다

- 饥饿 jī'è 형 배고프다 명 기아, 굶주림
- 挨饿 ái'è 동 굶주리다

10획 饿 饿 饿 饿 饿 饿 饿 饿 饿 饿

饿

0054

而
ér

而 말 이을 이, 능히 능

접 그리고 [순접을 나타냄] / ~지만 [역접을 나타냄]

- 而且 érqiě 접 게다가, ~뿐만 아니라
- 反而 fǎn'ér 부 오히려, 역으로

6획 而 而 而 而 而 而

而

0055

耳
ěr

耳 귀 이, 팔대째 손자 잉

명 귀, 귀처럼 생긴 것

- 耳朵 ěrduo 명 귀
- 耳机 ěrjī 명 이어폰

6획 耳 耳 耳 耳 耳 耳

耳

0056

发
fā / fà

發 필 발, 髮 터럭 발

fā 동 보내다 / 발생하다 / 발견하다, 드러내다
fà 명 머리카락

- 发现 fāxiàn 동 발견하다, 알아차리다
- 头发 tóufa 명 머리카락, 머리털
- 理发 lǐfà 동 이발하다, 머리를 깎다

5획 发 发 发 发 发

发

0057

法
fǎ

法 법 법

명 법, 법률 / 방법

- 法律 fǎlǜ 명 법률
- 办法 bànfǎ 명 (일을 처리하는) 방법, 수단

8획 法 法 法 法 法 法 法 法

法

0058

方
fāng

方 모 방, 본뜰 방, 괴물 망

형 사각형의
명 방법 / 방향 / 방면

- 正方 zhèngfāng 명 형 정방(의)
- 方法 fāngfǎ 명 방법, 수단
- 方向 fāngxiàng 명 방향
- 方面 fāngmiàn 명 방면, 분야

4획 方 方 方 方

方

0059

放
fàng

放 놓을 방

동 놓다 / 휴가를 주다

- 放心 fàngxīn 동 마음을 놓다, 안심하다
- 放假 fàngjià 동 방학을 하다

8획 放 放 放 放 放 放 放 放

放

0060

风
fēng

风 바람 풍

명 바람 / 풍경 / 자태, 풍모

- 大风 dàfēng 명 강풍, 큰 바람
- 风景 fēngjǐng 명 풍경, 경치
- 风格 fēnggé 명 기질, 풍격

4획 风 风 风 风

风

0061

夫
fū

夫 지아비 부

명 성인 남자 / 남편

- 丈夫 zhàngfu 명 남편
- 夫妇 fūfù 명 부부

4획 夫 夫 夫 夫

夫

0062

服
fú

服 옷 복

동 종사하다, 담당하다 / (약을) 먹다, 복용하다
명 옷

- 服务 fúwù 동 복무하다, 일하다, 봉사하다
- 服药 fúyào 동 약을 복용하다
- 服装 fúzhuāng 명 복장, 의류

8획 服 服 服 服 服 服 服 服

服

0063

附
fù

附 붙을 부

동 접근하다 / 부착하다 / 덧붙이다

- 附近 fùjìn 명 부근, 근처
- 附着 fùzhuó 동 부착하다
- 附加 fùjiā 명 동 부가(하다), 추가(하다)

7획 附 附 附 附 附 附 附

附

0064

复
fù

復 회복할 복, 다시 부

동 반복하다, 돌아오다
형 복잡한

- 反复 fǎnfù 동 거듭하다, 반복하다
- 复习 fùxí 동 복습하다
- 复杂 fùzá 형 복잡하다

9획 复 复 复 复 复 复 复 复 复

复

0065

该
gāi

該 갖출 해, 마땅 해

조동 ~해야 한다

- 应该 yīnggāi 조동 ~해야 한다

8획 该 该 该 该 该 该 该 该

该

0066

干
gān / gàn

幹 방패 간, 줄기 간, 마를 건

gān 형 건조하다, 마르다 / 텅 비다, 아무것도 없다
gàn 동 하다, 종사하다

- 干燥 gānzào 형 건조하다
- 干杯 gānbēi 동 잔을 비우다, 건배하다
- 干净 gānjìng 형 깨끗하다
- 干活儿 gànhuór 동 일하다

3획 干 干 干

干

0067

感
gǎn

感 느낄 감, 한할 감

동 느끼다 / 감기에 걸리다
명 감정, 감각, 느낌

- 感到 gǎndào 동 느끼다, 생각하다
- 感冒 gǎnmào 명 감기
- 好感 hǎogǎn 명 호감

13획 感 感 感 感 感 感 感 感 感 感 感 感 感

感

0068

刚
gāng

剛 굳셀 강

부 막, 바로 / 마침, 꼭

- 刚才 gāngcái 부 지금 막
- 刚刚 gānggāng 부 방금, 막
- 刚好 gānghǎo 형 꼭 알맞다 부 알맞게, 때마침

6획 刚 刚 刚 刚 刚 刚

刚

0069

根

gēn

根 뿌리 근

명 뿌리, 근원, 근거

- 树根 shùgēn 명 나무뿌리
- 根本 gēnběn 명 근본, 근원 부 완전히, 전혀, 아예
- 根据 gēnjù 전 ~에 근거하여 명 근거

10획 根 根 根 根 根 根 根 根 根 根

根

0070

跟

gēn

跟 발꿈치 근

전 ~와(과)
동 따라가다
명 (발·구두·양말 등의) 뒤꿈치

- 跟他商量 gēn tā shāngliang 그와 상의하다
- 跟踪 gēnzōng 동 미행하다, 추적하다
- 脚跟 jiǎogēn 명 발꿈치

13획 跟 跟 跟 跟 跟 跟 跟 跟 跟 跟 跟 跟 跟

跟

0071

更

gēng / gèng

更 고칠 경, 다시 갱

gēng 동 바꾸다, 고치다
gèng 부 더욱, 더

- 更新 gēngxīn 동 갱신하다, 새롭게 바뀌다
- 更正 gēngzhèng 동 정정하다, 잘못을 고치다
- 更好 gèng hǎo 더욱 좋다
- 更多 gèng duō 더욱 많다

7획 更 更 更 更 更 更 更

更

0072

故

gù

故 연고 고

형 원래의, 종래의, 오래된
명 원인 / 사고
부 고의로, 일부러

- 故乡 gùxiāng 명 고향
- 事故 shìgù 명 사고, 의외의 손실·재난
- 无故 wúgù 부 이유 없이
- 故意 gùyì 부 고의로, 일부러

9획 故 故 故 故 故 故 故 故 故

故

0073

顾
gù

顧 돌아볼 고

동 돌보다 / 뒤돌아보다, 돌이켜보다
명 손님

- 照顾 zhàogù 동 돌보다, 간호하다
- 回顾 huígù 동 회고하다, 회상하다
- 顾客 gùkè 명 고객, 손님

10획 顾 顾 顾 顾 顾 顾 顾 顾 顾 顾

顾

0074

刮
guā

颳 긁을 괄, 모진 바람 괄

동 바람 불다 / (칼날로) 깎다, 밀다

- 刮风 guā fēng 바람이 불다
- 刮胡子 guā húzi 수염을 깎다

8획 刮 刮 刮 刮 刮 刮 刮 刮

刮

0075

怪
guài

怪 괴이할 괴

형 이상하다, 괴상하다
동 책망하다

- 奇怪 qíguài 형 이상하다, 괴이하다
- 难怪 nánguài 동 나무랄 수 없다 부 어쩐지, 과연

8획 怪 怪 怪 怪 怪 怪 怪 怪

怪

0076

关
guān

關 웃을 소, 관계할 관

명 동 관계(가 있다)
동 (문을) 닫다, (등을) 끄다
명 관문

- 关系 guānxi 명 관계 동 관련되다
- 关心 guānxīn 동 관심을 갖다
- 关于 guānyú 전 ~에 관하여
- 难关 nánguān 명 난관, 곤란

6획 关 关 关 关 关 关

关

0077

馆

guǎn

館 집 관

명 ~관 [전용 건물·영업장 등] / 호텔, 여관, 식당

- 大使馆 dàshǐguǎn 명 대사관
- 博物馆 bówùguǎn 명 박물관
- 宾馆 bīnguǎn 명 호텔
- 茶馆 cháguǎn 명 찻집

11획 馆 馆 馆 馆 馆 馆 馆 馆 馆 馆 馆

馆

0078

惯

guàn

慣 익숙할 관

형 습관적이다, 익숙해지다

- 习惯 xíguàn 명 버릇, 습관 동 익숙해지다
- 惯性 guànxìng 명 관성, 타성

11획 惯 惯 惯 惯 惯 惯 惯 惯 惯 惯 惯

惯

0079

害

hài

害 해할 해, 어느 할

동 해치다, 손해를 입히다 / 걱정되다

- 害人 hàirén 동 사람을 해치다, 남에게 해를 끼치다
- 害怕 hàipà 동 겁내다, 두려워하다

10획 害 害 害 害 害 害 害 害 害 害

害

0080

行

háng / xíng

行 다닐 행, 항렬 항

háng 명 직업, 업종, 분야 / 상점, 점포, 영업소

xíng 동 걷다, 가다
명 형 여행(의)

- 行业 hángyè 명 직업, 직종, 업종
- 银行 yínháng 명 은행
- 旅行 lǚxíng 동 여행하다
- 行李 xíngli 명 여행 짐

6획 行 行 行 行 行 行

行

0081

河
hé

河 물 하

명 강, 하천

- 黄河 Huánghé 황허, 황하(강)
- 河流 héliú 명 강의 흐름, 하류

8획 河 河 河 河 河 河 河 河

河

0082

候
hòu

候 기후 후, 살필 후

동 기다리다
명 계절, 기후, 철, 때

- 等候 děnghòu 동 기다리다
- 气候 qìhòu 명 기후

10획 候 候 候 候 候 候 候 候 候 候

候

0083

乎
hū

乎 어조사 호

접미 접미사의 하나 [동사·형용사·부사 뒤에 붙음]

- 几乎 jīhū 부 거의, 하마터면
- 似乎 sìhū 부 마치 ~인 것 같다

5획 乎 乎 乎 乎 乎

乎

0084

护
hù

護 도울 호

동 지키다, 보호하다

- 保护 bǎohù 동 보호하다
- 爱护 àihù 동 잘 보살피다, 사랑하고 보호하다
- 护照 hùzhào 명 여권

7획 护 护 护 护 护 护 护

护

0085

花
huā

花 꽃 화

명 꽃
동 소비하다, 쓰다

- 棉花 miánhuā 명 목화, 목화 솜
- 花钱 huā qián 돈을 쓰다
- 花费 huāfèi 동 소비하다

7획 花 花 花 花 花 花 花

花

0086

化
huà

化 될 화, 잘못 와

동 변하다 / 소화하다
명 화학 [약칭]
접미 ~화(하다)

- 变化 biànhuà 명 동 변화(하다)
- 消化 xiāohuà 동 소화하다
- 化学 huàxué 명 화학
- 多元化 duōyuánhuà 동 다원화하다

4획 化 化 化 化

化

0087

画
huà

畫 그림 화, 그을 획

동 (그림을) 그리다
명 그림

- 画画儿 huà huàr 그림을 그리다
- 漫画 mànhuà 명 만화
- 动画片 dònghuàpiàn 명 만화 영화

8획 画 画 画 画 画 画 画 画

画

0088

坏
huài

壞 무너질 괴, 앓을 회

형 나쁘다 / 고장 나다

- 坏人 huàirén 명 나쁜 사람, 악당
- 破坏 pòhuài 동 파괴하다
- 损坏 sǔnhuài 동 손상시키다, 훼손시키다

7획 坏 坏 坏 坏 坏 坏 坏

坏

0089

环

huán

環 구슬 배, 고리 환

명 고리
동 둘러싸다, 돌다

- 耳环 ěrhuán 명 귀고리
- 环境 huánjìng 명 환경

8획 环 环 环 环 环 环 环 环

环

0090

换

huàn

換 바꿀 환

동 교환하다 / 교체하다

- 交换 jiāohuàn 동 교환하다
- 换钱 huànqián 동 환전하다, 돈으로 바꾸다
- 换车 huàn chē (차를) 갈아타다

10획 换 换 换 换 换 换 换 换 换 换

换

0091

黄

huáng

黃 누를 황

명 황색, 노란색
형 노랗다 / 선정적이다

- 黄色 huángsè 명 노란색 형 선정적인, 저속한
- 黄金 huángjīn 명 황금

11획 黄 黄 黄 黄 黄 黄 黄 黄 黄 黄 黄

黄

0092

婚

hūn

婚 혼인할 혼

동 결혼하다
명 결혼, 혼인

- 结婚 jiéhūn 동 결혼하다
- 婚姻 hūnyīn 명 결혼, 혼인

11획 婚 婚 婚 婚 婚 婚 婚 婚 婚 婚 婚

婚

0093

或
huò

或 혹 혹, 나라 역

접 혹은, 또는
부 혹시, 아마

- 或者 huòzhě 접 ~이든가 아니면 ~이다
- 或许 huòxǔ 부 아마, 어쩌면

8획 或 或 或 或 或 或 或 或

或

0094

级
jí

级 등급 급

명 등급 / 학년

- 级别 jíbié 명 등급, 순위
- 级会 jíhuì 명 학급회, 학년 회의

6획 级 级 级 级 级 级

级

0095

极
jí

極 극진할 극, 다할 극

명 정점, 절정
형 최고의, 극도의
동 끝에 이르다, 극하다
부 몹시

- 极度 jídù 명 극도 부 극도로
- 极力 jílì 부 있는 힘을 다하다
- 极其 jíqí 부 아주

7획 极 极 极 极 极 极 极

极

0096

急
jí

急 급할 급

동 조급해하다, 서두르다
형 성급하다, 긴급하다

- 急诊 jízhěn 동 응급진료 하다 명 응급진료
- 紧急 jǐnjí 형 긴급하다, 긴박하다

9획 急 急 急 急 急 急 急 急 急

急

0097

己

jǐ

己 몸 기

대 자기, 자신

- 自己 zìjǐ 대 자기, 자신 부 스스로

3획 己 己 己

己

0098

记

jì

記 기록할 기

동 기억하다 / 기록하다

- 记得 jìde 동 기억하고 있다
- 忘记 wàngjì 동 잊다
- 日记 rìjì 명 일기

5획 记 记 记 记 记

记

0099

季

jì

季 계절 계

명 계절, 절기, 철, 시기

- 季节 jìjié 명 계절, 철, 절기
- 旺季 wàngjì 명 성수기

8획 季 季 季 季 季 季 季 季

季

0100

绩

jì

績 길쌈할 적

명 공적, 성과

- 业绩 yèjì 명 업적

11획 绩 绩 绩 绩 绩 绩 绩 绩 绩 绩 绩

绩

0101

加
jiā

加 더할 가

동 더하다 / 증가하다

- 加工 jiāgōng 동 가공하다
- 增加 zēngjiā 동 증가하다, 더하다, 늘리다
- 加大 jiādà 동 확대하다, 늘리다

5획 加 加 加 加 加

加

0102

检
jiǎn

檢 검사할 검

동 검사하다, 조사하다

- 检验 jiǎnyàn 동 검증하다, 검사하다

11획 检 检 检 检 检 检 检 检 检 检 检

检

0103

简
jiǎn

簡 대쪽 간, 간략할 간

형 간단하다
동 간단하게 하다

- 简化 jiǎnhuà 동 간소화하다
- 简历 jiǎnlì 명 약력
- 简直 jiǎnzhí 부 그야말로, 너무나

13획 简 简 简 简 简 简 简 简 简 简 简 简 简

简

0104

健
jiàn

健 굳셀 건

형 건강하다, 튼튼하다
동 강하게 하다

- 健康 jiànkāng 명 형 건강(하다)
- 健身 jiànshēn 동 몸을 건강히 하다

10획 健 健 健 健 健 健 健 健 健 健

健

0105

讲

jiǎng

講 외울 강, 얽을 구

동 말하다 / 중시하다

- 讲话 jiǎnghuà 동 말하다 명 연설, 말
- 讲座 jiǎngzuò 명 강좌
- 讲究 jiǎngjiu 동 중요시하다 형 정교하다 명 주의할 만한 내용

6획 讠 讠 讠 讠 讲 讲

讲

0106

角

jiǎo

角 뿔 각, 사람 이름 록(녹)

명 (짐승의) 뿔 / 각, 각도 / 모서리, 구석

- 牛角 niújiǎo 명 쇠뿔
- 角度 jiǎodù 명 각도 / 관점
- 角落 jiǎoluò 명 구석, 모퉁이

7획 角 角 角 角 角 角 角

角

0107

脚

jiǎo

脚 다리 각

명 발 / (물건의) 밑동, 굽

- 手脚 shǒujiǎo 명 손발
- 脚步 jiǎobù 명 (발)걸음, 보폭
- 桌脚 zhuōjiǎo 명 책상 다리

11획 脚 脚 脚 脚 脚 脚 脚 脚 脚 脚 脚

脚

0108

较

jiào

較 견줄 교, 비교할 교, 차이 각

동 비교하다 / 따지다
부 비교적

- 计较 jìjiào 동 계산하여 비교하다, 논쟁하다
- 较大 jiào dà 비교적 크다

10획 较 较 较 较 较 较 较 较 较 较

较

0109

接
jiē

接 이을 접

동 접근하다, 접촉하다 / 잇다, 연결하다 / 받다, 접수하다

- 接近 jiējìn 동 접근하다, 가까이하다
- 接着 jiēzhe 부 잇따라, 연이어
- 接受 jiēshòu 동 받아들이다, 수락하다

11획 接 接 接 接 接 接 接 接 接 接 接

接

0110

街
jiē

街 거리 가

명 길, 거리

- 大街 dàjiē 명 큰길, 번화가
- 街头 jiētóu 명 길거리

12획 街 街 街 街 街 街 街 街 街 街 街 街

街

0111

节
jié

節 마디 절

양 절, 마디, 단락
동 절약하다
명 명절, 기념일, 축제일

- 第二节 dì èr jié 2절
- 节约 jiéyuē 동 절약하다
- 国庆节 Guóqìng Jié 국경절, 건국 기념일

5획 节 节 节 节 节

节

0112

结
jié

結 맺을 결, 상투 계

동 매다, 묶다 / 맺다, 결합하다 / 끝맺다, 종결하다

- 结合 jiéhé 명 동 결합(하다)
- 总结 zǒngjié 명 동 총괄(하다), 총결산(하다)
- 结账 jiézhàng 동 장부를 결산하다, 계산하다

9획 结 结 结 结 结 结 结 结 结

结

0113

解

jiě

解 풀 해

동 나누다, 분리하다 / 해석하다, 풀다 / 이해하다

- 分解 fēnjiě 동 분해하다
- 解释 jiěshì 동 해석하다, 해설하다
- 解决 jiějué 동 해결하다
- 理解 lǐjiě 동 이해하다

13획 解 解 解 解 解 解 解 解 解 解 解 解 解

解

0114

介

jiè

介 낄 개, 낱 개

동 소개하다 / 끼(이)다

- 介绍 jièshào 동 소개하다
- 中介 zhōngjiè 명 중개, 매개
- 介入 jièrù 동 개입하다, 끼어들다

4획 介 介 介 介

介

0115

界

jiè

界 지경 계

명 지경, 범위, 분야, 계

- 世界 shìjiè 명 세계, 세상
- 界限 jièxiàn 명 한계, 경계
- 边界 biānjiè 명 지역 간의 경계, 국경, 변경

9획 界 界 界 界 界 界 界 界 界

界

0116

借

jiè

藉 빌릴 차

동 빌다, 빌려주다 / 의지하다

- 借钱 jiè qián 돈을 빌리다
- 借手 jiè shǒu 남의 손을 빌다, 남에게 의지하다
- 借口 jièkǒu 동 구실로 삼다 명 구실

10획 借 借 借 借 借 借 借 借 借 借

借

0117

斤

jīn

斤 근 근, 도끼 근

양 근 [무게의 단위]

- 公斤 gōngjīn 양 킬로그램(kg)

4획 斤 斤 斤 斤

斤

0118

京

jīng

京 서울 경

명 수도, 서울 /
'北京(베이징)'의 약칭

- 京城 jīngchéng 명 경성, 수도, 서울
- 京剧 jīngjù 명 경극 [중국 주요 전통극의 하나]

8획 京 京 京 京 京 京 京 京

京

0119

睛

jīng

睛 눈동자 정

명 눈, 눈동자

- 眼睛 yǎnjing 명 눈
- 画龙点睛 huàlóng diǎnjīng 성 화룡점정

13획 睛 睛 睛 睛 睛 睛 睛 睛 睛 睛 睛 睛 睛

睛

0120

净

jìng

淨 깨끗할 정

형 깨끗하다
동 깨끗하게 하다

- 净水 jìngshuǐ 명 정수 [정화(净化)하여 음료수로 적합하게 만든 물]
- 净手 jìngshǒu 동 손을 씻다

8획 净 净 净 净 净 净 净 净

净

0121

静
jìng

静 고요할 정

형 조용하다, 움직이지 않다
동 조용히 하다

- 平静 píngjìng 형 (태도·감정 등이) 조용하다, (상황·환경 등이) 평온하다, 평정하다
- 静止 jìngzhǐ 동 정지하다

14획 静 静 静 静 静 静 静 静 静 静 静 静 静 静

静

0122

境
jìng

境 지경 경

명 경계, 곳, 형편, 경지

- 境界 jìngjiè 명 경계, 경지
- 处境 chǔjìng 명 (처해 있는) 상태·상황·환경·처지 [주로 불리한 상황을 말함]

14획 境 境 境 境 境 境 境 境 境 境 境 境 境 境

境

0123

久
jiǔ

久 오랠 구

형 오래다, (시간이) 길다

- 长久 chángjiǔ 명 형 장구(하다), 영구(하다)
- 好久 hǎojiǔ 형 (꽤) 오랜
- 久等 jiǔděng 동 오래 기다리다

3획 久 久 久

久

0124

酒
jiǔ

酒 술 주

명 술

- 啤酒 píjiǔ 명 맥주
- 酒精 jiǔjīng 명 알코올, 주정
- 酒店 jiǔdiàn 명 호텔

10획 酒 酒 酒 酒 酒 酒 酒 酒 酒 酒

酒

0125

旧

jiù

舊 예 구, 옛 구

형 옛날의, 이전의 / 낡다

- 旧友 jiùyǒu 명 오랜 친구, 옛 친구
- 旧书 jiùshū 명 낡은 책, 옛 책, 오래된 책
- 旧衣服 jiù yīfu 헌 옷

5획 旧 旧 旧 旧 旧

旧

0126

居

jū

居 살 거

동 살다, 거주하다
명 거처, 주소

- 同居 tóngjū 동 동거하다, 같이 살다
- 定居 dìngjū 동 정착하다
- 邻居 línjū 명 이웃(집)

8획 居 居 居 居 居 居 居 居

居

0127

句

jù

句 글귀 구, 올가미 구, 글귀 귀

명 문장
양 마디, 편 [말·글의 수를 세는 단위]

- 句子 jùzi 명 구(句), 문장, 문(文)
- 造句 zàojù 동 글을 짓다, 문장을 만들다
- 句号 jùhào 명 마침표
- 一句话 yí jù huà 한 마디 말

5획 句 句 句 句 句

句

0128

据

jù

據 근거 거

명 증거
동 의거하다
전 ~에 따르면

- 证据 zhèngjù 명 증거, 근거
- 据说 jùshuō 동 말하는 바에 의하면, 듣건대

11획 据 据 据 据 据 据 据 据 据 据 据

据

0129

决

jué

决 결단할 결, 빠를 혈

동 정하다, 결정하다
부 결코, 절대로

- 决心 juéxīn 명 동 결심(하다)
- 决不能 jué bù néng 절대 ~(해서는) 안 된다

6획 决 决 决 决 决 决

决

0130

卡

kǎ

卡 지킬 잡, 음역자 가

명 카드

- 卡片 kǎpiàn 명 카드
- 信用卡 xìnyòngkǎ 명 신용 카드
- 刷卡 shuākǎ 동 카드로 결제하다, 카드를 긁다

5획 卡 卡 卡 卡 卡

卡

0131

康

kāng

康 편안 강

형 건강하다 / 풍족하다

- 康复 kāngfù 동 건강을 회복하다
- 小康 xiǎokāng 형 먹고 살 만하다

11획 康 康 康 康 康 康 康 康 康 康 康

康

0132

渴

kě

渴 목마를 갈, 물 잦을 걸

형 목 타다 / 간절하다

- 解渴 jiěkě 동 갈증을 풀다
- 渴望 kěwàng 동 갈망하다

12획 渴 渴 渴 渴 渴 渴 渴 渴 渴 渴 渴 渴

渴

0133

刻
kè

刻 새길 각

동 새기다
양 15분
명 시간, 시각

- 刻字 kè zì 글자를 새기다
- 一刻 yíkè 15분
- 立刻 lìkè 부 즉시, 당장

8획 刻 刻 刻 刻 刻 刻 刻 刻

刻

0134

空
kōng / kòng

空 빌 공

kōng 형 텅 비다
명 하늘, 공중
kòng 동 비우다 형 비다
명 여백, 틈

- 空瓶子 kōng píngzi 공병, 빈 병
- 空中 kōngzhōng 명 공중
- 空闲 kòngxián 형 한가하다, 비어 있다 명 여가, 틈
- 有空儿 yǒu kòngr 틈이 있다, 시간이 나다

8획 空 空 空 空 空 空 空 空

空

0135

口
kǒu

口 입 구

명 입 / 출입구
양 식구 / 마리 / 입, 모금

- 开口 kāikǒu 동 입을 열다, 말을 하다
- 入口 rùkǒu 명 입구 동 수입하다
- 四口人 sì kǒu rén 네 식구

3획 口 口 口

口

0136

哭
kū

哭 울 곡

동 (소리 내어) 울다

- 哭声 kūshēng 명 곡성, 우는 소리
- 哭泣 kūqì 동 훌쩍훌쩍 울다, 흐느끼다

10획 哭 哭 哭 哭 哭 哭 哭 哭 哭 哭

哭

0137

裤

kù

褲 바지 고, 사타구니 과

명 바지

- 裤子 kùzi 명 바지
- 牛仔裤 niúzǎikù 명 청바지

12획 裤 裤 裤 裤 裤 裤 裤 裤 裤 裤 裤 裤

裤

0138

筷

kuài

筷 젓가락 쾌

명 젓가락

- 筷子 kuàizi 명 젓가락

13획 筷 筷 筷 筷 筷 筷 筷 筷 筷 筷 筷 筷 筷

筷

0139

蓝

lán

藍 쪽 람(남), 볼 감

형 남빛의, 남색의

- 蓝色 lánsè 명 남색, 청색
- 蓝莓 lánméi 명 블루베리

13획 蓝 蓝 蓝 蓝 蓝 蓝 蓝 蓝 蓝 蓝 蓝 蓝 蓝

蓝

0140

篮

lán

籃 대바구니 람(남)

명 바구니 / 농구

- 篮子 lánzi 명 바구니, 광주리
- 篮球 lánqiú 명 농구
- 篮球赛 lánqiúsài 명 농구 경기

16획 篮 篮 篮 篮 篮 篮 篮 篮 篮 篮 篮 篮 篮 篮 篮 篮

篮

0141

礼

lǐ

禮 예도 례(예)

명 예 / 예식 / 선물, 예물

- 礼貌 lǐmào 명 예의 형 예의 바르다
- 婚礼 hūnlǐ 명 결혼식, 혼례
- 礼物 lǐwù 명 선물, 예물

5획 礼 礼 礼 礼 礼

礼

0142

李

lǐ

李 오얏 리(이), 성씨 리(이)

명 자두, 자두나무 / 성(姓)

- 李子 lǐzi 명 자두
- 李树 lǐshù 명 자두나무
- 李白 Lǐ Bái 이백, 이태백 [당나라 때의 저명한 시인으로 '诗仙(시선)'이라 불림]

7획 李 李 李 李 李 李 李

李

0143

理

lǐ

理 다스릴 리(이)

동 정리하다, 다스리다
명 도리, 이치, 사리

- 整理 zhěnglǐ 명 동 정리(하다)
- 道理 dàolǐ 명 도리, 이치

11획 理 理 理 理 理 理 理 理 理 理 理

理

0144

力

lì

力 힘 력(역)

명 힘, 능력, 체력
동 힘을 다하다

- 力气 lìqi 명 (육체적인) 힘, 완력, 체력
- 用力 yònglì 동 힘을 내다 / 노력하다

2획 力 力

力

0145

历

lì

歷 지날 력(역), 책력 력(역)

동 경험하다 / (세월·시간이) 흐르다, 지나다
형 과거의
명 역법, 역서

- 历史 lìshǐ 명 역사
- 月历 yuèlì 명 달력

4획 历 历 历 历

历

0146

脸

liǎn

臉 뺨 검

명 얼굴 / 체면

- 脸色 liǎnsè 명 안색
- 洗脸 xǐ liǎn 얼굴을 씻다, 세면하다
- 丢脸 diūliǎn 동 체면이 깎이다, 창피 당하다

11획 脸 脸 脸 脸 脸 脸 脸 脸 脸 脸 脸

脸

0147

练

liàn

練 익힐 련(연)

동 연습하다, 훈련하다
형 경험이 풍부하다, 노련하다

- 练习 liànxí 명 동 연습(하다)
- 训练 xùnliàn 동 훈련하다
- 熟练 shúliàn 형 숙련되어 있다, 능숙하다

8획 练 练 练 练 练 练 练 练

练

0148

亮

liàng

亮 밝을 량(양)

형 밝다 / (소리가) 크고 맑다

- 明亮 míngliàng 형 밝다, 빛나다
- 响亮 xiǎngliàng 형 (소리가) 높고 크다

9획 亮 亮 亮 亮 亮 亮 亮 亮 亮

亮

0149

辆

liàng

輛 수레 량(양)

양 대 [차량을 세는 단위]

- 一辆车 yí liàng chē 차 한 대
- 车辆 chēliàng 명 차량

11획 辆 辆 辆 辆 辆 辆 辆 辆 辆 辆 辆

辆

0150

聊

liáo

聊 귀 울 료(요)

동 한담하다, 잡담하다

- 无聊 wúliáo 형 심심하다, 지루하다
- 聊天 liáotiān 동 대화하다, 잡담하다
- 闲聊 xiánliáo 동 잡담하다, 한담하다

11획 聊 聊 聊 聊 聊 聊 聊 聊 聊 聊 聊

聊

0151

料

liào

料 헤아릴 료(요)

동 예상하다

명 재료, 원료

- 料到 liào dào 생각이 미치다, 미리 예측하다
- 资料 zīliào 명 자료
- 饮料 yǐnliào 명 음료

10획 料 料 料 料 料 料 料 料 料 料

料

0152

邻

lín

隣 이웃 린(인)

명 이웃

형 인접한, 근접한

- 邻国 línguó 명 이웃 나라
- 邻近 línjìn 명 부근, 근처 동 (위치가) 이웃하다

7획 邻 邻 邻 邻 邻 邻 邻

邻

0153

留
liú

留 머무를 류(유)

동 머무르다, 묵다 / 남기다 / 유학하다

- 留下 liú xià 묵다 / 남기다
- 留言 liúyán 명 (떠날 때 남긴) 메모 동 말을 남기다
- 留学 liúxué 동 유학하다

10획 留 留 留 留 留 留 留 留 留 留

留

0154

楼
lóu

樓 다락 루(누)

명 층집, 다층 건물
양 층

- 楼房 lóufáng 명 층집
- 大楼 dàlóu 명 빌딩, 고층 건물
- 楼梯 lóutī 명 (층집의) 계단

13획 楼 楼 楼 楼 楼 楼 楼 楼 楼 楼 楼 楼 楼

楼

0155

旅
lǚ

旅 나그네 려(여)

동 여행하다

- 旅行社 lǚxíngshè 명 여행사
- 旅馆 lǚguǎn 명 여관
- 旅客 lǚkè 명 여객, 여행자

10획 旅 旅 旅 旅 旅 旅 旅 旅 旅 旅

旅

0156

绿
lǜ

綠 푸를 록(녹)

명 초록색
형 푸르다

- 绿色 lǜsè 명 초록색, 녹색 형 친환경의
- 绿茶 lǜchá 명 녹차

11획 绿 绿 绿 绿 绿 绿 绿 绿 绿 绿 绿

绿

0157

马

mǎ

馬 말 마

명 말 [동물]

- 一匹马 yì pǐ mǎ 말 한 필
- 马路 mǎlù 명 대로, 큰길

3획 马 马 马

马

0158

满

mǎn

滿 찰 만, 번거로울 문

형 가득하다 / 만족하다
동 가득하게 하다

- 充满 chōngmǎn 동 가득차다, 충만하다
- 满足 mǎnzú 형 만족하다 / 충분하다 동 만족시키다
- 不满 bùmǎn 형 불만족하다 명 불만

13획 满 满 满 满 满 满 满 满 满 满 满 满 满

满

0159

冒

mào

冒 무릅쓸 모

동 (위험·악조건 등을) 개의치 않다, 무릅쓰다

- 冒险 màoxiǎn 동 모험하다, 위험을 무릅쓰다

9획 冒 冒 冒 冒 冒 冒 冒 冒 冒

冒

0160

帽

mào

帽 모자 모

명 모자 / 뚜껑

- 帽子 màozi 명 모자
- 安全帽 ānquánmào 명 안전모, 헬멧
- 笔帽 bǐmào(r) 명 펜 뚜껑

12획 帽 帽 帽 帽 帽 帽 帽 帽 帽 帽 帽 帽

帽

0161

末
mò

末 끝 말

명 형 최후(의), 마지막(의)

- 周末 zhōumò 명 주말
- 末(班)车 mò(bān)chē 명 막차

5획 末 末 末 末 末

末

0162

目
mù

目 눈 목

명 (세분된) 작은 조항 / 목록, 목차, 종목

- 项目 xiàngmù 명 항목, 프로젝트
- 目录 mùlù 명 목록, 목차
- 节目 jiémù 명 종목, 프로그램

5획 目 目 目 目 目

目

0163

拿
ná

拿 잡을 나

동 (손으로) 잡다, (손에) 쥐다, 가지다

- 拿到 ná dào 입수하다, 손에 넣다
- 拿着 ná zhe 가지고 있다

10획 拿 拿 拿 拿 拿 拿 拿 拿 拿 拿

拿

0164

南
nán

南 남녘 남, 나무 나

명 남, 남쪽

- 南方 nánfāng 명 남쪽, 남방
- 南极 nánjí 명 남극

9획 南 南 南 南 南 南 南 南 南

南

0165

难
nán

難 어려울 난, 우거질 나

형 어렵다, 곤란하다, 힘들다
동 어렵게 하다, 곤란하게 하다

- 困难 kùnnan 형 어렵다, 곤란하다 명 어려움, 곤란
- 难过 nánguò 형 괴롭다, 슬프다 동 넘기 어렵다
- 为难 wéinán 형 난처하다 동 난처하게 만들다

10획 难 难 难 难 难 难 难 难 难 难

难

0166

脑
nǎo

腦 골 뇌, 뇌수 뇌, 가슴 흉

명 뇌, 머리

- 脑子 nǎozi 명 두뇌, 머리
- 头脑 tóunǎo 명 두뇌, 사고 능력
- 脑海 nǎohǎi 명 머리, 생각, 기억

10획 脑 脑 脑 脑 脑 脑 脑 脑 脑 脑

脑

0167

鸟
niǎo

鳥 새 조, 땅 이름 작, 섬 도

명 새

- 鸟窝 niǎowō 명 새 둥지
- 鸟笼 niǎolóng 명 새장
- 一石二鸟 yìshí èrniǎo 성 일석이조

5획 鸟 鸟 鸟 鸟 鸟

鸟

0168

努
nǔ

努 힘쓸 노

동 힘쓰다, 노력하다

- 努力 nǔlì 명 동 노력(하다) 형 열심이다

7획 努 努 努 努 努 努 努

努

0169

爬
pá

爬 긁을 파

동 기다, 기어오르다

- 爬行 páxíng 동 기다, 기어가다
- 爬山 pá shān 등산하다

8획 爬 爬 爬 爬 爬 爬 爬 爬

爬

0170

怕
pà

怕 두려워할 파, 담담할 백

동 무서워하다, 두려워하다
부 아마 (~일 것이다, ~일지 모른다)

- 可怕 kěpà 형 무섭다, 끔찍하다
- 恐怕 kǒngpà 부 (나쁜 결과를 예상해서) 아마 ~일 것이다

8획 怕 怕 怕 怕 怕 怕 怕 怕

怕

0171

盘
pán

盤 소반 반

명 큰 접시
양 판, 대, 그릇
동 빙빙 돌다

- 盘子 pánzi 명 쟁반
- 一盘 yì pán 한 접시
- 盘头 pántóu 동 머리를 빙빙 틀어 얹다

11획 盘 盘 盘 盘 盘 盘 盘 盘 盘 盘 盘

盘

0172

胖
pàng

胖 클 반, 희생 반쪽 판

형 뚱뚱하다, 살찌다

- 胖子 pàngzi 명 뚱뚱보, 뚱뚱이
- 发胖 fāpàng 동 살찌다
- 胖乎乎 pànghūhū 형 통통하다

9획 胖 胖 胖 胖 胖 胖 胖 胖 胖

胖

상용한자 1급
상용한자 2급
상용한자 3급
상용한자 4급
부록

0173

皮
pí

皮 가죽 피

명 피부, 가죽 / 포장
형 장난이 심하다

- 皮肤 pífū 명 피부
- 皮鞋 píxié 명 가죽 구두
- 书皮儿 shūpí(r) 명 책의 표지
- 调皮 tiáopí 동 장난치다, 까불다 형 말을 잘 듣지 않다

5획 皮 皮 皮 皮 皮

皮

0174

片
piàn

片 조각 편, 절반 반

명 (평평하고 얇은) 조각, 판, 편
양 얇고 작은 사물이나 작게 잘라진 부분을 세는 단위

- 照片 zhàopiàn 명 사진
- 图片 túpiàn 명 사진·그림·탁본 등의 총칭
- 一片面包 yí piàn miànbāo 빵 한 조각

4획 片 片 片 片

片

0175

漂
piāo / piǎo

漂 떠다닐 표

piāo 동 (물 위에) 뜨다
piǎo 동 표백하다

- 漂流 piāoliú 동 표류하다
- 漂白 piǎobái 동 표백하다

14획 漂 漂 漂 漂 漂 漂 漂 漂 漂 漂 漂 漂 漂 漂

漂

0176

平
píng

平 평평할 평, 다스릴 편

형 평평하다, 균등하다
동 평평하게 만들다

- 平坦 píngtǎn 형 평탄하다, 순탄하다
- 平均 píngjūn 동 균등히 하다 형 균등하다, 평균적이다

5획 平 平 平 平 平

平

0177

妻

qī

妻 아내 처

명 (정식으로 장가든) 처, 아내

- 妻子 qīzi 명 아내
- 夫妻 fūqī 명 부부
- 未婚妻 wèihūnqī 명 약혼녀

8획 妻 妻 妻 妻 妻 妻 妻 妻

妻

0178

期

qī

期 기약할 기

명 시기, 기일 / 기간
동 기대하다

- 限期 xiànqī 명 기한 동 기일을 정하다
- 星期 xīngqī 명 주, 요일
- 期待 qīdài 동 기대하다

12획 期 期 期 期 期 期 期 期 期 期 期 期

期

0179

其

qí

其 그 기

대 그(의), 그러한 것

- 其中 qízhōng 명 그 가운데, 그 속, 그 중

8획 其 其 其 其 其 其 其 其

其

0180

奇

qí

奇 기특할 기, 의지할 의

형 기이하다
동 이상하게 여기다

- 奇妙 qímiào 형 기묘하다, 신기하다
- 奇迹 qíjì 명 기적
- 好奇 hàoqí 동 신기한 것을 좋아하다

8획 奇 奇 奇 奇 奇 奇 奇 奇

奇

0181

骑
qí

騎 말 탈 기

동 (동물·자전거 등에 다리를 벌리고) 올라타다

- 骑马 qí mǎ 말을 타다
- 骑车 qí chē 자전거를 타다

11획 骑 骑 骑 骑 骑 骑 骑 骑 骑 骑 骑

骑

0182

且
qiě

且 또 차, 공경스러울 저

접 또한 / ~마저도, ~조차(도)

- 并且 bìngqiě 접 또한, 그리고
- 尚且 shàngqiě 접 ~조차 ~한데 ~까지도 / ~뿐만 아니라

5획 且 且 且 且 且

且

0183

轻
qīng

輕 가벼울 경

형 (중량·정도·기분·일·행동이) 가볍다

동 경시하다

- 轻松 qīngsōng 형 (일 등이) 수월하다 / (기분이) 홀가분하다
- 轻易 qīngyì 형 간단하다, 수월하다 부 수월하게 / 쉽사리
- 轻视 qīngshì 동 경시하다, 무시하다

9획 轻 轻 轻 轻 轻 轻 轻 轻 轻

轻

0184

清
qīng

淸 맑을 청

형 깨끗하다, 분명하다

동 청산하다

- 清水 qīngshuǐ 명 맑고 깨끗한 물
- 付清 fùqīng 동 (금액·물품 등을) 청산하다

11획 清 清 清 清 清 清 清 清 清 清 清

清

0185

秋

qiū

秋 가을 추

명 가을, 가을철

- 秋天 qiūtiān 명 가을, 가을철
- 中秋 Zhōngqiū 한가위, 추석

9획 秋 秋 秋 秋 秋 秋 秋 秋 秋

秋

0186

求

qiú

求 구할 구

동 청하다, 부탁하다 / 추구하다, 구하다

- 要求 yāoqiú 명 동 요구(하다)
- 追求 zhuīqiú 동 추구하다, 탐구하다 / 구애하다
- 求职 qiúzhí 동 직업을 구하다, 일자리를 찾다

7획 求 求 求 求 求 求 求

求

0187

趣

qù

趣 뜻 취, 재촉할 촉

명 취미, 흥미, 재미
형 재미있다

- 趣味 qùwèi 명 흥취, 흥미
- 乐趣 lèqù 명 즐거움, 재미
- 风趣 fēngqù 명 (말·문장의) 재미, 유머

15획 趣 趣 趣 趣 趣 趣 趣 趣 趣 趣 趣 趣 趣 趣 趣

趣

0188

容

róng

容 얼굴 용

명 용모, (얼굴의) 표정
동 받아들이다 / 관용하다 / 허락하다

- 容貌 róngmào 명 용모, 모습, 생김새
- 形容 xíngróng 동 형용하다, 묘사하다
- 宽容 kuānróng 동 관용하다, 너그럽게 받아들이다

10획 容 容 容 容 容 容 容 容 容 容

容

상용한자 1급
상용한자 2급
상용한자 3급
상용한자 4급
부록

0189

如
rú

如 같을 여, 말 이을 이

동 ~와 같다 / 예를 들다
접 만일, 만약

- 如下 rúxià 동 아래와 같다, 다음과 같다
- 例如 lìrú 동 예를 들면, 예컨대
- 如果 rúguǒ 접 만일, 만약

6획 如 如 如 如 如 如

如

0190

赛
sài

賽 굿할 새

동 시합하다, 경쟁하다
명 시합, 경쟁

- 竞赛 jìngsài 동 경쟁하다, 경기하다
- 决赛 juésài 명 결승전

14획 赛 赛 赛 赛 赛 赛 赛 赛 赛 赛 赛 赛 赛 赛

赛

0191

伞
sǎn

傘 우산 산

명 우산, 우산 모양의 물건

- 雨伞 yǔsǎn 명 우산
- 阳伞 yángsǎn 명 양산

6획 伞 伞 伞 伞 伞 伞

伞

0192

扫
sǎo

掃 쓸 소

동 쓸다 / 없애다, 제거하다

- 扫地 sǎodì 동 땅을 쓸다
- 清扫 qīngsǎo 동 말끔히 제거하다, 깨끗이 치우다

6획 扫 扫 扫 扫 扫 扫

扫

0193

山
shān

山 메 산

명 산, 산과 같은 모양을 한 것

- 黄山 Huáng Shān 명 황산 [안후이(安徽)에 있는 중국의 명산 중 하나]
- 高山 gāoshān 명 고산, 높은 산
- 山顶 shāndǐng 명 산꼭대기, 산 정상

3획 山 山 山

山

0194

衫
shān

衫 적삼 삼

명 홑 윗옷, 적삼 / 셔츠

- T恤衫 T xùshān 명 티셔츠

8획 衫 衫 衫 衫 衫 衫 衫 衫

衫

0195

烧
shāo

燒 불사를 소

동 태우다, 불사르다 / 굽다
명동 열(이 나다)

- 烧伤 shāoshāng 명 동 화상(을 입다)
- 烧烤 shāokǎo 명 불에 구운 육류 식품의 총칭
- 发烧 fāshāo 동 열이 나다

10획 烧 烧 烧 烧 烧 烧 烧 烧 烧 烧

烧

0196

绍
shào

紹 이을 소, 느슨할 초

명동 소개(하다)

- 自我介绍 zìwǒ jièshào 명 동 자기소개(하다)

8획 绍 绍 绍 绍 绍 绍 绍 绍

绍

0197

声
shēng

聲 소리 성

명 소리 / 명성
동 소리를 내다

- 声音 shēngyīn 명 소리, 목소리
- 掌声 zhǎngshēng 명 박수 소리
- 名声 míngshēng 명 (사회적인) 명성, 평판

7획 声 声 声 声 声 声 声

声

0198

实
shí

實 열매 실, 이를 지

형 진실한, 참된, 성실한
명 실제, 사실
부 확실히, 실제로

- 诚实 chéngshí 형 성실하다
- 实习 shíxí 명 동 실습(하다)
- 其实 qíshí 부 (그러나) 사실은, 실제는

8획 实 实 实 实 实 实 实 实

实

0199

史
shǐ

史 사기 사

명 역사

- 史书 shǐshū 명 역사서, 역사에 관한 책

5획 史 史 史 史 史

史

0200

始
shǐ

始 비로소 시

동 시작하다
명 처음

- 开始 kāishǐ 동 시작하다 명 시작, 처음
- 始终 shǐzhōng 명 시종 부 처음부터 한결같이

8획 始 始 始 始 始 始 始 始

始

0201

世

shì

世 인간 세, 대 세

명 세대 / 세상 / 생애 / 시대

- 世纪 shìjì 명 세기
- 世代 shìdài 명 세대, 연대
- 逝世 shìshì 동 서거하다, 세상을 뜨다

5획 世 世 世 世 世

世

0202

市

shì

市 저자 시

명 시장 / 도시

- 超市 chāoshì 명 슈퍼마켓
- 市民 shìmín 명 시민

5획 市 市 市 市 市

市

0203

瘦

shòu

瘦 여윌 수

형 마르다, 여위다

- 瘦身 shòushēn 동 살을 빼다
- 瘦子 shòuzi 명 몹시 여윈 사람

14획 瘦 瘦 瘦 瘦 瘦 瘦 瘦 瘦 瘦 瘦 瘦 瘦 瘦 瘦

瘦

0204

叔

shū

叔 아저씨 숙, 콩 숙

명 숙부, 작은 아버지 / 아저씨

- 叔叔 shūshu 명 숙부 / 아저씨
- 大叔 dàshū 명 아저씨

8획 叔 叔 叔 叔 叔 叔 叔 叔

叔

0205

舒
shū

舒 펼 서

동 펴다, 늘이다
형 느리다, 여유 있다

• 舒展 shūzhǎn 동 (주름·구김살 등을) 펴다
형 (심신이) 편안하다
• 舒服 shūfu 형 편안하다

12획 舒 舒 舒 舒 舒 舒 舒 舒 舒 舒 舒 舒

舒

0206

数
shǔ / shù

數 셈 수, 자주 삭, 촘촘할 촉

shǔ 동 세다, 헤아리다
shù 명 수, 숫자

• 数数(儿) shǔ shù(r) 수를 세다
• 数学 shùxué 명 수학

13획 数 数 数 数 数 数 数 数 数 数 数 数 数

数

0207

束
shù

束 묶을 속, 약속할 속

양 묶음, 다발
명 끝, 결말
동 묶다, 매다 / 속박하다

• 一束花 yí shù huā 꽃 한 다발
• 结束 jiéshù 동 끝나다, 마치다
• 束手 shùshǒu 동 손을 묶다(묶이다)
• 约束 yuēshù 동 구속하다, 제약하다

7획 束 束 束 束 束 束 束

束

0208

树
shù

樹 나무 수

명 나무, 수목
동 심다, 재배해다

• 树木 shùmù 명 동 나무(를 심다)
• 树林 shùlín 명 숲

9획 树 树 树 树 树 树 树 树 树

树

0209

刷
shuā

刷 인쇄할 쇄

명 솔, 브러시
동 솔로 닦다 / 인쇄하다

- 牙刷 yáshuā 명 칫솔
- 刷牙 shuā yá 이를 닦다
- 印刷 yìnshuā 명 동 인쇄(하다)

8획 刷 刷 刷 刷 刷 刷 刷 刷

刷

0210

双
shuāng

雙 두 쌍, 쌍 쌍

양 쌍, 짝, 켤레

- 一双 yì shuāng 한 쌍
- 双方 shuāngfāng 명 쌍방, 양쪽
- 双胞胎 shuāngbāotāi 명 쌍둥이

4획 双 双 双 双

双

0211

算
suàn

算 셈 산

명 동 (숫자를) 계산(하다)
동 계획하다

- 计算 jìsuàn 동 계산하다, 셈하다
- 总算 zǒngsuàn 부 마침내, 드디어, 대체로
- 打算 dǎsuàn 동 ~하려고 하다 명 생각, 계획

14획 算 算 算 算 算 算 算 算 算 算 算 算 算 算

算

0212

特
tè

特 특별할 특

형 특수하다, 특별하다
부 특히, 아주, 유달리

- 特点 tèdiǎn 명 특색, 특징
- 特征 tèzhēng 명 특징

10획 特 特 特 特 特 特 特 特 特 特

特

0213

疼
téng

疼 아플 동, 아플 등

형 아프다 / 몹시 아끼다, 매우 사랑하다

- 疼痛 téngtòng 형 아프다
- 疼爱 téng'ài 동 매우 귀여워하다(사랑하다)
- 心疼 xīnténg 동 몹시 아끼다(사랑하다)

10획 疼 疼 疼 疼 疼 疼 疼 疼 疼 疼

疼

0214

梯
tī

梯 사다리 제

명 사다리, 계단

- 梯子 tīzi 명 사다리
- 电梯 diàntī 명 엘리베이터

11획 梯 梯 梯 梯 梯 梯 梯 梯 梯 梯 梯

梯

0215

踢
tī

踢 찰 척

동 차다, 발길질하다

- 踢足球 tī zúqiú 축구를 하다

15획 踢 踢 踢 踢 踢 踢 踢 踢 踢 踢 踢 踢 踢 踢 踢

踢

0216

提
tí

提 끌 제, 떼지어 날 시

동 (고리·손잡이 등을 손에) 들다 / 들어올리다, 끌어올리다 / (정해진 기한을) 앞당기다

- 提包 tíbāo 명 손가방, 핸드백
- 提高 tígāo 동 제고하다, 향상시키다
- 提前 tíqián 동 앞당기다

12획 提 提 提 提 提 提 提 提 提 提 提 提

提

0217

甜
tián

甜 달 첨

형 (맛이) 달다, (말이) 달콤하다

- 甜食 tiánshí 명 (주로 찹쌀과 사탕으로 만든) 단맛의 식품
- 甜甜圈 tiántiánquān 명 도넛
- 甜蜜 tiánmì 형 달콤하다 / 즐겁다, 행복하다

11획 甜 甜 甜 甜 甜 甜 甜 甜 甜 甜 甜

甜

0218

条
tiáo

條 가지 조

명 가늘고 긴 것
양 가늘고 긴 것을 셀 때 쓰임

- 面条 miàntiáo 명 국수
- 枝条 zhītiáo 명 (나뭇)가지
- 苗条 miáotiao 형 날씬하다
- 一条河 yì tiáo hé 강 한 줄기

7획 条 条 条 条 条 条 条

条

0219

铁
tiě

鐵 쇠 철

명 쇠, 철

- 地铁 dìtiě 명 지하철
- 钢铁 gāngtiě 명 강철

10획 铁 铁 铁 铁 铁 铁 铁 铁 铁 铁

铁

0220

头
tóu / tou

頭 머리 두

tóu 명 머리
tou 접미 명사 뒤에 쓰이는 접미사

- 头疼 tóuténg 명 두통
- 木头 mùtou 명 나무, 목재, 재목
- 骨头 gǔtou 명 뼈
- 馒头 mántou 명 찐빵 [소가 없는 것]

5획 头 头 头 头 头

头

0221

突
tū

突 갑자기 돌

부 갑자기, 돌연히
형 두드러지다
동 돌파하다, 충돌하다

- 突然 tūrán 형 갑작스럽다 부 갑자기, 문득
- 突出 tūchū 형 두드러지다, 뛰어나다 동 두드러지게 하다
- 突破 tūpò 동 (한계·난관 등을) 돌파하다

9획 突 突 突 突 突 突 突 突 突

突

0222

图
tú

圖 그림 도

명 그림, 도표

- 地图 dìtú 명 지도
- 图表 túbiǎo 명 도표, 통계표

8획 图 图 图 图 图 图 图 图

图

0223

腿
tuǐ

腿 넓적다리 퇴

명 다리

- 大腿 dàtuǐ 명 허벅지, 넓적다리
- 鸡腿 jī tuǐ 닭 다리

13획 腿 腿 腿 腿 腿 腿 腿 腿 腿 腿 腿 腿 腿

腿

0224

万
wàn

萬 일 만 만

수 10,000, 만
부 (긍정문에서) 매우 / (부정문에서) 전혀

- 三万五千 sān wàn wǔ qiān 삼만 오천
- 万一 wànyī 접 만일, 만약
- 万分 wànfēn 부 극히, 대단히, 매우

3획 万 万 万

万

0225

网 wǎng

網 그물 망

명 그물, 그물처럼 생긴 것 / 인터넷, 온라인 [약칭]

- 鱼网 yúwǎng 명 어망, (고기잡이용) 그물
- 网球 wǎngqiú 명 테니스
- 互联网 hùliánwǎng 명 인터넷
- 上网 shàngwǎng 동 인터넷을 하다

6획 网 网 网 网 网 网

网

0226

忘 wàng

忘 잊을 망

동 잊다, 망각하다

- 难忘 nánwàng 형 잊기 어렵다, 잊을 수 없다

7획 忘 忘 忘 忘 忘 忘 忘

忘

0227

望 wàng

望 바랄 망, 보름 망

동 (멀리) 바라보다 / 바라다, 희망하다

- 远望 yuǎnwàng 동 멀리 바라보다
- 失望 shīwàng 동 희망을 잃다, 실망하다
- 盼望 pànwàng 동 간절히 바라다

11획 望 望 望 望 望 望 望 望 望 望 望

望

0228

喂 wéi / wèi

喂 두려울 위, 부르는 소리 외

wéi 감 (전화 상에서) 여보세요

wèi 감 야, 어이

동 기르다, 먹이다

- 喂养 wèiyǎng 동 (아이를) 양육하다, (동물을) 사육하다
- 喂饭 wèi fàn 밥을 먹이다
- 喂药 wèi yào 약을 먹이다

12획 喂 喂 喂 喂 喂 喂 喂 喂 喂 喂 喂 喂

喂

0229

位
wèi

位 자리 위, 임할 리(이)

양 분, 명 [사람을 세는 단위]
명 곳, 자리 / 지위, 직위
동 위치하다, 자리잡다

- 三位老师 sān wèi lǎoshī 선생님 세 분
- 座位 zuòwèi 명 좌석, 자리
- 地位 dìwèi 명 지위
- 位于 wèiyú 동 ~에 위치하다

7획 位 位 位 位 位 位 位

位

0230

文
wén

文 글월 문

명 문장, 글 / 문화, 문명 / 언어, 국어

- 论文 lùnwén 명 논문
- 文化 wénhuà 명 문화 / 교육수준
- 中文 Zhōngwén 중국어

4획 文 文 文 文

文

0231

闻
wén

聞 들을 문

동 듣다 / 냄새를 맡다

- 见闻 jiànwén 명 견문, 보고 들은 것
- 闻名 wénmíng 동 이름을 듣다 형 유명하다
- 闻味儿 wén wèir 냄새를 맡다

9획 闻 闻 闻 闻 闻 闻 闻 闻 闻

闻

0232

舞
wǔ

舞 춤출 무

명 춤, 무용
동 춤추다

- 舞会 wǔhuì 명 무도회
- 舞台 wǔtái 명 무대
- 舞蹈 wǔdǎo 명 동 춤(추다), 무용(하다)

14획 舞 舞 舞 舞 舞 舞 舞 舞 舞 舞 舞 舞 舞 舞

舞

0233

务
wù

務 힘쓸 무, 업신여길 모

명 일, 업무, 임무

- 家务 jiāwù 명 집안일
- 业务 yèwù 명 업무
- 任务 rènwu 명 임무

5획 务 务 务 务 务

务

0234

物
wù

物 물건 물

명 물건, 물체

- 植物 zhíwù 명 식물
- 购物 gòuwù 동 물건을 구입하다, 쇼핑하다

8획 物 物 物 物 物 物 物 物

物

0235

西
xī

西 서녘 서

명 서쪽

- 西面 xīmiàn 명 서쪽
- 东西 dōngxī 명 동쪽과 서쪽

6획 西 西 西 西 西 西

西

0236

希
xī

希 바랄 희

동 바라다, 희망하다

- 希望 xīwàng 명 동 희망(하다)

7획 希 希 希 希 希 希 希

希

0237

息

xī

息 쉴 식

동 쉬다, 휴식하다
명 숨, 호흡 / 소식

- 休息 xiūxi 명 동 휴식(하다)
- 信息 xìnxī 명 정보

10획 息 息 息 息 息 息 息 息 息 息

息

0238

习

xí

習 익힐 습

동 배우다, 연습하다 / 익숙하다, 능하다

- 自习 zìxí 명 동 자습(하다)
- 预习 yùxí 명 동 예습(하다)

3획 习 习 习

习

0239

喜

xǐ

喜 기쁠 희

형 기쁘다, 즐겁다
명 기쁜 일, 경사

- 喜欢 xǐhuan 동 좋아하다 / 즐거워하다
- 恭喜 gōngxǐ 동 축하하다
- 喜悦 xǐyuè 형 기쁘다, 즐겁다

12획 喜 喜 喜 喜 喜 喜 喜 喜 喜 喜 喜 喜

喜

0240

戏

xì

戲 놀이 희, 서러울 호, 기 휘

명 놀이, 장난, 유희 / 연극, 극
동 놀다, 장난치다

- 游戏 yóuxì 명 게임, 놀이 동 놀다
- 戏剧 xìjù 명 희극, 연극

6획 戏 戏 戏 戏 戏 戏

戏

0241

系
xì / jì

繫 맬 계

xì 명 계통, 계열 / 학과
jì 동 매다, 묶다

- 系统 xìtǒng 명 계통, 시스템
- 中文系 Zhōngwén xì 중문학과
- 系领带 jì lǐngdài 넥타이를 매다

7획 系 系 系 系 系 系 系

系

0242

夏
xià

夏 여름 하, 개오동나무 가

명 여름

- 夏天 xiàtiān 명 여름, 하계
- 夏季 xiàjì 명 하계, 여름

10획 夏 夏 夏 夏 夏 夏 夏 夏 夏 夏

夏

0243

鲜
xiān

鮮 고울 선, 생선 선

형 신선하다, 싱싱하다 / (색채가) 선명하다
명 수산물

- 新鲜 xīnxiān 형 신선하다, 싱싱하다
- 鲜明 xiānmíng 형 (색채가) 선명하다 / 명확하다
- 海鲜 hǎixiān 명 해산물, 해물

14획 鲜 鲜 鲜 鲜 鲜 鲜 鲜 鲜 鲜 鲜 鲜 鲜 鲜 鲜

鲜

0244

相
xiāng / xiàng

相 서로 상, 빌 양

xiāng 부 서로, 함께
xiàng 명 외모, 생김새, 용모

- 互相 hùxiāng 부 서로, 상호
- 长相 zhǎngxiàng 명 용모

9획 相 相 相 相 相 相 相 相 相

相

0245

香 xiāng

香 향기 향

형 향기롭다 / 맛이 좋다

- 香水(儿) xiāngshuǐ(r) 명 향수
- 香蕉 xiāngjiāo 명 바나나
- 香肠 xiāngcháng 명 소시지

9획 香 香 香 香 香 香 香 香 香

0246

箱 xiāng

箱 상자 상

명 상자, 트렁크

- 箱子 xiāngzi 명 상자

15획 箱 箱 箱 箱 箱 箱 箱 箱 箱 箱 箱 箱 箱 箱 箱

0247

响 xiǎng

響 울릴 향

명 소리, 음향
동 울리다, 소리를 내다
명 동 메아리(치다), 반향(하다)

- 音响 yīnxiǎng 명 음향
- 反响 fǎnxiǎng 명 동 메아리(치다), 반향(하다)
- 影响 yǐngxiǎng 명 영향 동 영향을 주다

9획 响 响 响 响 响 响 响 响 响

0248

向 xiàng

嚮 향할 향, 성씨 상

명 방향
동 (앞을) 향하다
전 ~을(를) 향하여

- 风向 fēngxiàng 명 풍향, 바람 방향 / 동향, 형세
- 倾向 qīngxiàng 명 경향, 추세 동 쏠리다

6획 向 向 向 向 向 向

0249

像
xiàng

像 모양 상

명 형상, 모양
동 마치 ~와 같다

- 偶像 ǒuxiàng 명 우상
- 好像 hǎoxiàng 동 마치 ~와(과) 같다

13획 像 像 像 像 像 像 像 像 像 像 像 像 像

像

0250

鞋
xié

鞋 신 혜

명 신(발)

- 运动鞋 yùndòngxié 명 운동화
- 鞋柜 xiéguì 명 신발장

15획 鞋 鞋 鞋 鞋 鞋 鞋 鞋 鞋 鞋 鞋 鞋 鞋 鞋 鞋 鞋

鞋

0251

心
xīn

心 마음 심

명 심장 / 마음, 생각 / 감정

- 心脏 xīnzàng 명 심장
- 担心 dānxīn 동 걱정하다
- 心情 xīnqíng 명 심정, 마음, 기분

4획 心 心 心 心

心

0252

信
xìn

信 믿을 신

명 신용, 신의, 믿음 / 편지
동 믿다, 신임하다

- 失信 shīxìn 동 신용을 잃다
- 送信 sòngxìn 동 편지를 보내다
- 相信 xiāngxìn 동 믿다, 신임하다
- 信心 xìnxīn 명 자신, 신념

9획 信 信 信 信 信 信 信 信 信

信

0253

兴

xīng / xìng

興 일 흥, 피 바를 흔

xīng 동 흥성하다, 성행하다
xìng 명 흥(미), 재미, 취미

- 兴起 xīngqǐ 동 일어나다, 흥기하다
- 兴盛 xīngshèng 형 흥성하다, 번창하다
- 感兴趣 gǎn xìngqù 동 흥미(재미)를 느끼다

6획 兴 兴 兴 兴 兴 兴

兴

0254

星

xīng

星 별 성

명 (지구·달·태양 등을 제외한) 별 / (연예계·스포츠 등의) 스타

- 星星 xīngxing 명 별
- 明星 míngxīng 명 스타

9획 星 星 星 星 星 星 星 星 星

星

0255

熊

xióng

熊 곰 웅, 세 발 자라 내

명 곰

- 熊猫 xióngmāo 명 판다

14획 熊 熊 熊 熊 熊 熊 熊 熊 熊 熊 熊 熊 熊 熊

熊

0256

须

xū

須 모름지기 수, 鬚 수염 수

동 반드시 ~하여야 한다, 마땅히 ~해야 한다
명 수염

- 无须 wúxū 부 ~할 필요가 없다
- 须知 xūzhī 동 반드시 알아야 한다, 알지 않으면 안 된다 명 주의 사항, 준칙
- 胡须 húxū 명 수염

9획 须 须 须 须 须 须 须 须 须

须

0257

需
xū

需 쓰일 수, 쓸 수, 연할 연

동 필요로 하다, 요구되다
명 필수품, 수요

- 需求 xūqiú 동 필요로 하다, 요구되다 명 필요, 요구
- 必需 bìxū 부 반드시 ~해야 한다

14획 需 需 需 需 需 需 需 需 需 需 需 需 需 需

需

0258

选
xuǎn

選 가릴 선

동 고르다, 뽑다, 선택하다

- 选择 xuǎnzé 동 고르다, 선택하다
- 选举 xuǎnjǔ 동 선거하다, 선출하다
- 当选 dāngxuǎn 동 당선하다
- 选手 xuǎnshǒu 명 선수

9획 选 选 选 选 选 选 选 选 选

选

0259

牙
yá

牙 어금니 아

명 이, 치아

- 牙齿 yáchǐ 명 이, 치아
- 牙膏 yágāo 명 치약
- 牙签儿 yáqiān(r) 명 이쑤시개

4획 牙 牙 牙 牙

牙

0260

颜
yán

顏 낯 안

명 얼굴, 얼굴 표정 / 색, 색채

- 颜面 yánmiàn 명 얼굴 / 체면, 명예
- 颜料 yánliào 명 물감

15획 颜 颜 颜 颜 颜 颜 颜 颜 颜 颜 颜 颜 颜 颜 颜

颜

0261

阳
yáng

陽 볕 양

명 태양

- 阳光 yángguāng 명 햇빛
- 阳台 yángtái 명 발코니, 베란다
- 夕阳 xīyáng 명 석양

6획 阳 阳 阳 阳 阳 阳

阳

0262

爷
yé

爺 아버지 야, 아비 야

명 조부

- 爷爷 yéye 명 할아버지

6획 爷 爷 爷 爷 爷 爷

爷

0263

业
yè

業 업 업, 북녘 북, 달아날 배

명 일, 업무 / 학업, 학습 / 직업

- 专业 zhuānyè 명 (대학 등의) 전공 / (특히 지식 업종의) 전문적인 업무
- 毕业 bìyè 동 졸업하다
- 职业 zhíyè 명 직업

5획 业 业 业 业 业

业

0264

宜
yí

宜 마땅 의

형 적합하다, 알맞다

- 适宜 shìyí 형 적합하다, 적절하다
- 便宜 piányi 형 값이 싸다

8획 宜 宜 宜 宜 宜 宜 宜 宜

宜

0265

议
yì

議 의논할 의

명 의견, 주장
동 의논하다, 토의하다

- 提议 tíyì 명 동 제의(하다)
- 商议 shāngyì 동 상의하다, 토의하다
- 议论 yìlùn 동 의논하다, 논의하다, 비평하다

5획 议 议 议 议 议

议

0266

易
yì

易 바꿀 역, 쉬울 이

형 쉽다, 용이하다, 간편하다
동 교환하다, 교역하다

- 容易 róngyì 형 쉽다
- 贸易 màoyì 명 무역

8획 易 易 易 易 易 易 易 易

易

0267

音
yīn

音 소리 음, 그늘 음

명 음, 소리

- 录音 lùyīn 명 동 녹음(하다)
- 发音 fāyīn 명 동 발음(하다)
- 拼音 pīnyīn 명 병음

9획 音 音 音 音 音 音 音 音 音

音

0268

银
yín

銀 은 은

명 은, 은화, 은색

- 银发 yínfà 명 흰 머리
- 银牌 yínpái 명 은메달

11획 银 银 银 银 银 银 银 银 银 银 银

银

0269

饮
yǐn

飲 마실 음

동 마시다

• 饮品 yǐnpǐn 명 음료
• 饮食 yǐnshí 명 음식

7획 饮 饮 饮 饮 饮 饮 饮

0270

应
yīng / yìng

應 응할 응

yīng 동 응답하다, 대답하다 / 응하다, 허락하다 / 당연히 ~해야 한다
yìng 동 응답하다, 대답하다 / 순응하다, 적응하다

• 应许 yīngxǔ 동 승낙하다, 허락하다
• 反应 fǎnyìng 동 반응하다, 응답하다 명 반응
• 适应 shìyìng 동 적응하다

7획 应 应 应 应 应 应 应

0271

迎
yíng

迎 맞을 영

동 영접하다, 맞이하다

• 迎接 yíngjiē 동 영접하다, 마중하다

7획 迎 迎 迎 迎 迎 迎 迎

0272

用
yòng

用 쓸 용

동 쓰다, 사용하다
명 쓸모, 용도

• 用心 yòngxīn 형 마음을 쓰다, 심혈을 기울이다
• 应用 yìngyòng 동 응용하다
• 用途 yòngtú 명 용도
• 作用 zuòyòng 명 작용, 역할

5획 用 用 用 用 用

0273

邮

yóu

郵 우편 우

동 우편으로 부치다
형 우편(업무)의

- 电子邮件 diànzǐ yóujiàn 명 이메일
- 邮局 yóujú 명 우체국

7획 邮 邮 邮 邮 邮 邮 邮

邮

0274

又

yòu

又 또 우

부 또, 다시

- 又来了 yòu lái le 또 왔다 / 또 시작이다

2획 又 又

又

0275

于

yú

于 어조사 우, 어조사 어

전 ~에, ~에서 [장소나 시간, 방향이나 대상을 나타냄]

- 由于 yóuyú 접 ~때문에, ~에 인하여
- 对于 duìyú 전 ~에 대해(서), ~에 대하여

3획 于 于 于

于

0276

育

yù

育 기를 육

동 양육하다, 기르다
명 동 교육(하다)

- 养育 yǎngyù 명 동 양육(하다)
- 发育 fāyù 명 동 발육(하다)

8획 育 育 育 育 育 育 育 育

育

0277 遇 yù

遇 만날 우

동 만나다, 상봉하다 / 대접하다, 대우하다
명 기회

- 遇见 yùjiàn 동 만나다
- 待遇 dàiyù 명 대우, 대접 동 대우하다
- 机遇 jīyù 명 좋은 기회, 찬스

12획

0278 元 yuán

元 으뜸 원

양 위안 [중국 본위 화폐 단위]
명 형 처음(의)

- 一百元 yì bǎi yuán 백 위안
- 元旦 Yuándàn 원단, 양력 1월 1일

4획

0279 园 yuán

園 깎을 완, 동산 원

명 (채소·과목·화초 등을 가꾸는) 밭 / (관람·오락 등을 위한) 공공 장소

- 花园 huāyuán 명 화원
- 园林 yuánlín 명 정원, 공원
- 幼儿园 yòu'éryuán 명 유치원

7획

0280 愿 yuàn

願 원할 원

동 원하다, 바라다
명 염원, 바람

- 愿意 yuànyì 조동 ~하기를 바라다 동 희망하다
- 自愿 zìyuàn 동 자원하다
- 愿望 yuànwàng 명 희망, 바람

14획

상용한자 1급 상용한자 2급 상용한자 3급 상용한자 4급 부록

0281

越
yuè

越 넘을 **월**, 부들자리 **활**

부 점점 ~하다
동 뛰어넘다

- 越来越 yuèláiyuè 부 더욱더, 점점
- 穿越 chuānyuè 동 (산 등을) 넘다, 통과하다

12획 越 越 越 越 越 越 越 越 越 越 越 越

越

0282

澡
zǎo

澡 씻을 조

동 (몸을) 씻다, 목욕하다

- 澡堂 zǎotáng 명 (대중) 목욕탕

16획 澡 澡 澡 澡 澡 澡 澡 澡 澡 澡 澡 澡 澡 澡 澡 澡

澡

0283

择
zé

擇 가릴 택

동 선택하다, 고르다

- 择业 zéyè 동 직업을 선택하다
- 择偶 zé'ǒu 동 배필을 고르다

8획 择 择 择 择 择 择 择 择

择

0284

张
zhāng

張 베풀 장

양 장 [종이·책상·의자·침대 등 넓은 표면을 가진 것을 셀 때 쓰임]
동 열다, 펼치다 / 확대하다, 과장하다

- 一张纸 yì zhāng zhǐ 종이 한 장
- 张开 zhāngkāi 동 열다, 펼치다, 벌리다
- 夸张 kuāzhāng 형 과장되다 명 과장, 과장법

7획 张 张 张 张 张 张 张

张

0285

丈 zhàng

丈 어른 장

명 (친족의) 남편

• 丈人 zhàngren 명 장인

3획 丈 丈 丈

0286

照 zhào

照 비칠 조

동 비치다, 비추다 / (사진·영화를) 찍다
전 ~대로, ~에 따라

• 反照 fǎnzhào 동 빛이 되비치다, 반사하다
• 照相机 zhàoxiàngjī 명 사진기, 카메라
• 按照 ànzhào 전 ~에 의해, ~에 따라

13획 照 照 照 照 照 照 照 照 照 照 照 照 照

0287

者 zhě

者 놈 자

조 자, 것 [형용사(구)·동사(구) 뒤에 쓰여 그러한 성질을 가지고 있거나 동작을 하는 사람·사물을 가리킴]

• 记者 jìzhě 명 기자
• 志愿者 zhìyuànzhě 명 지원자

8획 者 者 者 者 者 者 者 者

0288

只 zhī / zhǐ

隻 다만 지, 외짝 척

zhī 양 마리 [동물을 셀 때]
zhǐ 부 단지, 다만, 오직

• 一只鸟 yì zhī niǎo 새 한 마리
• 只有 zhǐyǒu 접 오직, 오로지
• 只好 zhǐhǎo 부 부득이, 어쩔 수 없이
• 只要 zhǐyào 접 ~하기만 하면

5획 只 只 只 只 只

0289

直
zhí

直 곧을 직, 값 치

형 곧다, 똑바르다 / 바르다, 공정하다
동 펴다
부 줄곧, 내내

- 平直 píngzhí 형 똑바르다
- 正直 zhèngzhí 형 정직하다
- 直腰 zhí yāo 허리를 펴다 / 휴식하다
- 一直 yìzhí 부 줄곧, 계속

8획 直 直 直 直 直 直 直 直

直

0290

终
zhōng

終 마칠 종

명 동 끝(나다), 마감(짓다)
부 결국, 마침내

- 终点 zhōngdiǎn 명 종점
- 终身 zhōngshēn 명 종신, 일생, 평생
- 终于 zhōngyú 부 결국, 마침내

8획 终 终 终 终 终 终 终 终

终

0291

种
zhǒng / zhòng

種 어릴 충, 씨 종

zhǒng 명 종자 / 품종, 인종
양 종, 종류
zhòng 동 (씨를) 뿌리다, (모를) 심다, 기르다

- 种子 zhǒngzi 명 씨, 씨앗, 종자
- 种类 zhǒnglèi 명 종류
- 种树 zhòngshù 동 나무를 심다
- 种植 zhòngzhí 동 심다, 재배하다

9획 种 种 种 种 种 种 种 种 种

种

0292

周
zhōu

周 두루 주

명 주, 주일, 요일 / 주위, 주변, 둘레
형 주도 면밀하다, 세심하다

- 一周 yì zhōu 한 바퀴, 일주, 일주간
- 周围 zhōuwéi 명 주위, 주변
- 周到 zhōudào 형 세심하다, 꼼꼼하다

8획 周 周 周 周 周 周 周 周

周

0293

主

zhǔ

主 임금 주, 주인 주

명 주인, 소유자
형 가장 주요한, 가장 기본적인

• 主人 zhǔrén 명 주인
• 主要 zhǔyào 형 주요한, 주된

5획 主 主 主 主 主

主

0294

注

zhù

注 부을 주, 주를 달 주

동 쏟다, 주입하다 / 기재하다, 등록하다 / (정신·힘 등을) 한곳에 모으다, 집중하다

• 注入 zhùrù 동 주입하다
• 注册 zhùcè 동 등록하다
• 注意 zhùyì 동 주의하다
• 关注 guānzhù 명 동 관심(을 가지다)

8획 注 注 注 注 注 注 注 注

注

0295

准

zhǔn

準 준할 준, 콧마루 절

동 허락하다, 허가하다
명 표준, 기준, 규격
형 정확하다, 확실하다

• 准许 zhǔnxǔ 명 동 허가(하다)
• 标准 biāozhǔn 명 표준, 기준
• 准时 zhǔnshí 형 시간에 맞다 부 제때에
• 准确 zhǔnquè 형 확실하다, 정확하다

10획 准 准 准 准 准 准 准 准 准 准

准

0296

自

zì

自 스스로 자

명 자기, 자신
부 몸소, 스스로

• 自信 zìxìn 명 자신감 동 자신하다 형 자신만만하다
• 亲自 qīnzì 부 몸소, 친히, 직접

6획 自 自 自 自 自 自

自

0297

总
zǒng

總 다 총, 합할 총

동 총괄하다, 종합하다
형 전부의, 전면적인, 전체의
부 늘, 언제나

- 总理 zǒnglǐ 명 총리
- 总共 zǒnggòng 부 합쳐서, 도합
- 总是 zǒngshì 부 늘, 언제나

9획 总 总 总 总 总 总 总 总 总

总

0298

租
zū

租 조세 조, 쌀 저

동 세내다, 임차하다 / 세놓다, 임대하다

- 租房 zūfáng 동 집을 세내다 명 전셋집
- 租金 zūjīn 명 임대료

10획 租 租 租 租 租 租 租 租 租 租

租

0299

足
zú

足 발 족, 지나칠 주

명 다리 / 발
형 풍요롭다, 충분하다

- 足球队 zúqiú duì 축구팀
- 不足 bùzú 형 부족하다 동 (일정한 숫자에) 이르지 못하다

7획 足 足 足 足 足 足 足

足

0300

嘴
zuǐ

嘴 부리 취

명 입

- 嘴唇 zuǐchún 명 입술의 통칭
- 嘴巴 zuǐba 명 입
- 闭嘴 bìzuǐ 동 입을 다물다

16획 嘴 嘴 嘴 嘴 嘴 嘴 嘴 嘴 嘴 嘴 嘴 嘴 嘴 嘴 嘴 嘴

嘴

벌써 600자를 공부했어요. 여기까지 오느라 수고했어요.
중국어 공부 자극 글귀를 함께 써보며, 마음을 다잡아 봅시다!

不怕慢，只怕站。
不怕慢，只怕站。
Bú pà màn, zhǐ pà zhàn.
느린 것을 두려워 말고, 멈추는 것을 두려워하라.

好好学习，天天向上。
好好学习，天天向上。
Hǎohǎo xuéxí, tiāntiān xiàngshàng.
열심히 공부해서, 나날이 발전한다.

不行动，就什么都不会发生。
不行动，就什么都不会发生。
Bù xíngdòng, jiù shénme dōu bú huì fāshēng.
행동하지 않으면, 아무 것도 일어나지 않는다.

중국어 상용한자 3급

1 사다리 타기를 통해 한어병음에 알맞은 한자를 쓰세요.

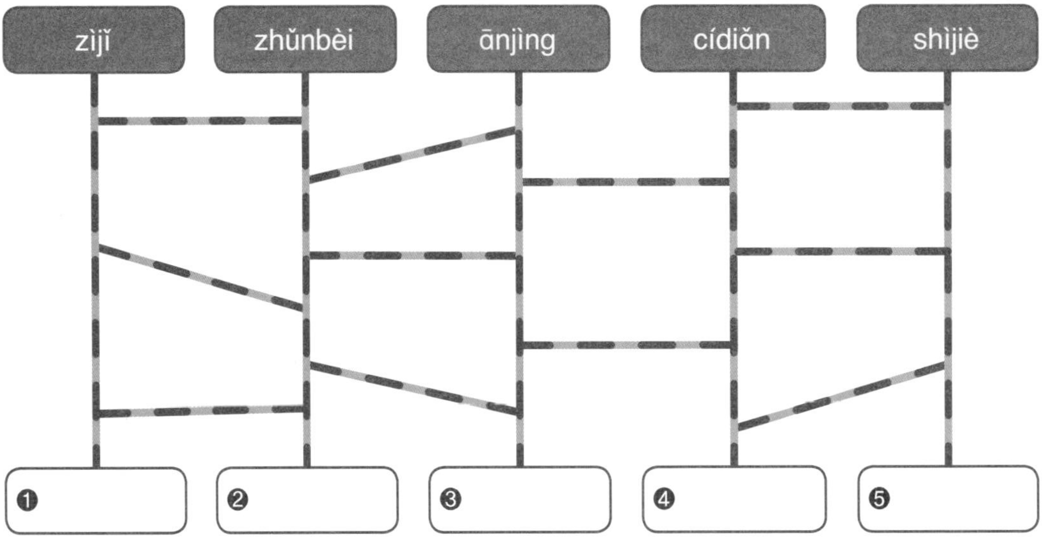

2 다음 그림을 보고 알맞은 한자와 한어병음을 쓰세요.

(1) 계절

❶ 

❷ 

❸ 

❹ 

(2) 동서남북

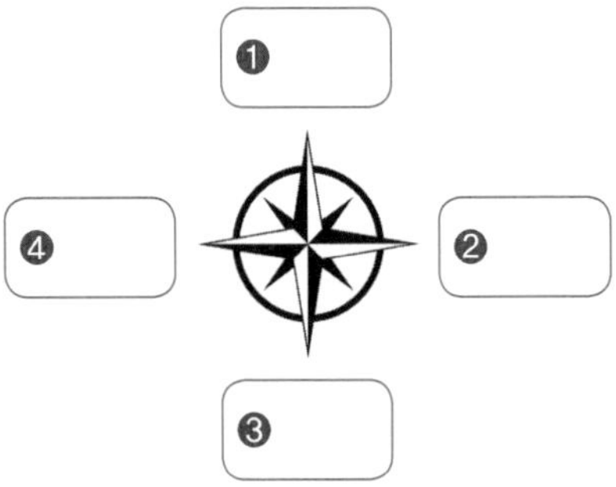

3 빈칸에 공통으로 들어갈 한자를 보기에서 찾아 쓰세요.

보기 照 zhào 历 lì 节 jié 婚 hūn

❶ 계절 季 jì [ ] | [ ] 目 mù 종목

❷ 결혼 结 jié [ ] | [ ] 礼 lǐ 혼례

❸ 여권 护 hù [ ] | [ ] 相 xiàng 사진

❹ 음력 阴 yīn [ ] | [ ] 史 shǐ 역사

4 알맞은 어순으로 문장을 완성하세요.

❶ 나 다리 아파.
疼 / 我 / 腿 → ________________。

❷ 이거 매우 달다.
很 / 这个 / 甜 → ________________。

❸ 그는 감기에 걸렸다.
感冒 / 他 / 了 → ________________。

❹ 나의 신발은 노란색이다.
是 / 鞋 / 黄色的 / 我的 → ________________。

❺ 그녀는 방금 울었다.
了 / 刚才 / 她 / 哭 → ________________。

➡ 정답 279쪽

단어 그림 찾기

다음 단어에 해당하는 그림을 찾아보세요.

帽子 / 运动鞋 / 爷爷 / 脚

➡ 정답 279쪽

4급

상용한자

☑ 400자

4급 원어민 발음 듣기

0001

矮
ǎi

矮 난쟁이 왜

형 (사람의 키가) 작다 / (높이가) 낮다

- 矮小 ǎixiǎo 형 왜소하다, 작달막하다
- 高矮 gāo'ǎi 명 높낮이, 높이

13획 矮 矮 矮 矮 矮 矮 矮 矮 矮 矮 矮 矮 矮

矮

0002

按
àn

按 누를 안, 막을 알

동 (손·손가락으로) 누르다
전 ~에 따라서, ~에 의해서

- 按摩 ànmó 동 안마하다, 마사지하다
- 按钮 ànniǔ 명 버튼, 스위치
- 按时 ànshí 부 제때에, 시간에 맞추어

9획 按 按 按 按 按 按 按 按 按

按

0003

案
àn

案 책상 안

명 (계획·방법·건의 등을 제출한) 문서 / (법률상의) 사건

- 方案 fāng'àn 명 방안
- 草案 cǎo'àn 명 초안
- 案件 ànjiàn 명 소송·위법에 관계되는 사건, 사안, 안건

10획 案 案 案 案 案 案 案 案 案 案

案

0004

败
bài

敗 패할 패

동 (일이) 실패하다 / 지다, 패배하다

- 失败 shībài 동 실패하다
- 胜败 shèngbài 명 승패, 승부

8획 败 败 败 败 败 败 败 败

败

0005

扮
bàn

扮 꾸밀 분, 거머질 분

동 (~로) 분장하다 / 역을 맡다

- 打扮 dǎban 명 동 분장(하다), 화장(하다)
- 扮演 bànyǎn 동 ~역을 맡아 하다, 출연하다

7획 扮 扮 扮 扮 扮 扮 扮

扮

0006

棒
bàng

棒 막대 봉

명 막대기, 몽둥이
형 훌륭하다, 좋다

- 棒子 bàngzi 명 몽둥이, 방망이, 막대기
- 棒球 bàngqiú 명 야구, 야구공
- 真棒! Zhēn bàng! 매우 훌륭해!

12획 棒 棒 棒 棒 棒 棒 棒 棒 棒 棒 棒 棒

棒

0007

保
bǎo

保 지킬 보

동 보호하다, 지키다 / 유지하다, 보존하다 / 보증하다
명 동 보험(에 들다)

- 保卫 bǎowèi 동 보위하다
- 保持 bǎochí 동 유지하다
- 保证 bǎozhèng 동 보증하다, 담보하다
- 保险 bǎoxiǎn 명 보험

9획 保 保 保 保 保 保 保 保 保

保

0008

抱
bào

抱 안을 포, 던질 포

동 안다, 포옹하다 / (생각·의견 등을) 마음에 품다

- 拥抱 yōngbào 동 포옹하다, 껴안다
- 抱怨 bàoyuàn 동 원망을 품다, 원망하다

8획 抱 抱 抱 抱 抱 抱 抱 抱

抱

0009

倍

bèi

倍 곱 배, 등질 패

양 배, 배수

동 갑절로 늘다

• 倍数 bèishù 명 배수

10획 倍 倍 倍 倍 倍 倍 倍 倍 倍 倍

倍

0010

笨

bèn

笨 거칠 분

형 멍청하다, 우둔하다

• 笨蛋 bèndàn 명 바보, 멍청이

• 笨拙 bènzhuó 형 멍청하다, 우둔하다

11획 笨 笨 笨 笨 笨 笨 笨 笨 笨 笨 笨

笨

0011

鼻

bí

鼻 코 비

명 코

• 鼻子 bízi 명 코

• 鼻涕 bítì 명 콧물

• 鼻炎 bíyán 명 비염

14획 鼻 鼻 鼻 鼻 鼻 鼻 鼻 鼻 鼻 鼻 鼻 鼻 鼻 鼻

鼻

0012

毕

bì

畢 마칠 필

동 마치다, 완성하다, 완결하다

• 完毕 wánbì 동 끝내다, 마치다

6획 毕 毕 毕 毕 毕 毕

毕

0013

遍

biàn

遍 두루 편

양 번, 차례, 회 [동작이 시작되어 끝날 때까지의 전 과정을 말함]
동 보편적으로 ~하다 [주로 동사의 보어로 쓰임]

- 说一遍 shuō yí biàn 한 번 말하다
- 普遍 pǔbiàn 형 보편적인, 일반적인
- 遍及 biànjí 동 두루 미치다, 골고루 퍼지다

12획 遍 遍 遍 遍 遍 遍 遍 遍 遍 遍 遍 遍

遍

0014

标

biāo

標 표할 표

명 표지, 기호
동 (문자·사물로) 나타내다, 표시하다

- 商标 shāngbiāo 명 상표
- 标价 biāojià 동 가격을 표시하다 명 표시 가격, 정가
- 标点 biāodiǎn 명 동 구두점(을 찍다)

9획 标 标 标 标 标 标 标 标 标

标

0015

饼

bǐng

餠 떡 병

명 밀가루·옥수수 가루 등에 소금·기름·향료 등을 넣어 지지거나 구워 납작한 것

- 饼干 bǐnggān 명 비스킷, 과자

9획 饼 饼 饼 饼 饼 饼 饼 饼 饼

饼

0016

并

bìng

并 아우를 병

동 (하나로) 합치다, 통합하다
부 같이, 함께 / 결코, 조금도

- 合并 hébìng 동 합병하다, 합치다
- 并存 bìngcún 동 병존하다, 함께 존재하다
- 并非 bìngfēi 동 결코 ~하지 않다

6획 并 并 并 并 并 并

并

0017

播
bō

播 뿌릴 파

동 퍼뜨리다, 전파하다

- 广播 guǎngbō 명 동 방송(하다)
- 播放 bōfàng 동 방송하다
- 传播 chuánbō 동 전파하다, 유포하다
- 直播 zhíbō 동 생방송을 하다 명 생중계

15획 播 播 播 播 播 播 播 播 播 播 播 播 播 播 播

播

0018

部
bù

部 떼 부, 거느릴 부

명 부분, 부 [어떤 기관의 명칭 또는 기관·기업의 업무에 따라 나누어진 단위]

- 部分 bùfen 명 (전체 중의) 부분, 일부(분)
- 全部 quánbù 명 전부, 전체, 모두
- 部门 bùmén 명 부, 부문, 부서

10획 部 部 部 部 部 部 部 部 部 部

部

0019

擦
cā

擦 문지를 찰

동 문지르다, (천·수건 등으로) 닦다 / 비비다, 마찰하다

- 擦掉 cā diào 지우다
- 摩擦 mócā 동 마찰하다

17획 擦 擦 擦 擦 擦 擦 擦 擦 擦 擦 擦 擦 擦 擦 擦 擦 擦

擦

0020

猜
cāi

猜 시기할 시, 시기할 채

동 추측하다, 알아맞히다

- 猜测 cāicè 동 추측하다
- 猜对 cāi duì 추측해서 알아맞히다

11획 猜 猜 猜 猜 猜 猜 猜 猜 猜 猜 猜

猜

0021

材
cái

材 재목 재

명 재목, 재료 / 자료

• 材料 cáiliào 명 재료, 원료, 감, 자재
• 教材 jiàocái 명 교재

7획 材 材 材 材 材 材 材

材

0022

彩
cǎi

彩 채색 채

명 색깔, 색채

• 色彩 sècǎi 명 색채, 색깔
• 彩虹 cǎihóng 명 무지개

11획 彩 彩 彩 彩 彩 彩 彩 彩 彩 彩 彩

彩

0023

餐
cān

餐 밥 찬, 물말이할 손

명 요리, 식사
동 (음식을) 먹다

• 西餐 xīcān 명 양식, 서양 음식
• 快餐 kuàicān 명 즉석 음식, 패스트푸드
• 餐巾纸 cānjīnzhǐ 명 종이 냅킨

16획 餐 餐 餐 餐 餐 餐 餐 餐 餐 餐 餐 餐 餐 餐 餐 餐

餐

0024

厕
cè

厕 뒷간 측

명 변소

• 公厕 gōngcè 명 공중 화장실

8획 厕 厕 厕 厕 厕 厕 厕 厕

厕

0025

察
chá

察 살필 찰

동 관찰하다, 고찰하다

- 观察 guānchá 동 관찰하다, 살피다
- 考察 kǎochá 동 고찰하다

14획 察 察 察 察 察 察 察 察 察 察 察 察 察 察

察

0026

尝
cháng

嘗 맛볼 상

동 맛보다 / 시험해 보다

- 品尝 pǐncháng 동 맛보다
- 尝试 chángshì 동 시도해 보다

9획 尝 尝 尝 尝 尝 尝 尝 尝 尝

尝

0027

诚
chéng

誠 정성 성

명 형 진심(의), 진실(하다), 성실(하다)

- 诚心 chéngxīn 형 진실하다, 성실하다 명 성심, 진심
- 诚恳 chéngkěn 형 진실하다, 간절하다

8획 诚 诚 诚 诚 诚 诚 诚 诚

诚

0028

乘
chéng

乘 탈 승

동 (교통수단 등에) 타다

- 换乘 huànchéng 동 갈아타다
- 乘务员 chéngwùyuán 명 승무원

10획 乘 乘 乘 乘 乘 乘 乘 乘 乘 乘

乘

0029

程
chéng

程 한도 정, 길 정

명 순서, 과정 / 거리, 노정

- 过程 guòchéng 명 과정
- 程序 chéngxù 명 순서, 절차
- 课程 kèchéng 명 교과목, 교육 과정
- 路程 lùchéng 명 노정

12획 程 程 程 程 程 程 程 程 程 程 程 程

程

0030

持
chí

持 가질 지

동 끝까지 지키다, 지속하다 / 장악하다, 주관하다

- 坚持 jiānchí 동 견지하다, 고수하다
- 持续 chíxù 동 지속하다
- 主持 zhǔchí 동 주관하다

9획 持 持 持 持 持 持 持 持 持

持

0031

抽
chōu

抽 뽑을 추

동 뽑다, 꺼내다 / 빨다, 마시다

- 抽屉 chōuti 명 서랍
- 抽烟 chōuyān 동 담배(를) 피우다

8획 抽 抽 抽 抽 抽 抽 抽 抽

抽

0032

处
chǔ / chù

處 곳 처

chǔ 동 처리하다 / 함께 지내다
chù 명 곳, 장소 / 처 [어떤 기관·단체를 가리킴]

- 处理 chǔlǐ 동 처리하다
- 相处 xiāngchǔ 동 함께 지내다
- 停车处 tíngchēchù 명 주차장
- 办事处 bànshìchù 명 사무소

5획 处 处 处 处 处

处

0033

传
chuán

傳 전할 전

동 전하다, 전수하다 / 전파하다, 퍼뜨리다 / 전염되다

- 传说 chuánshuō 명 전설 / 소문
- 传染 chuánrǎn 동 전염하다, 감염하다

6획 传 传 传 传 传 传

传

0034

窗
chuāng

窗 창 창, 굴뚝 총

명 창문

- 窗户 chuānghu 명 창문
- 窗台 chuāngtái 명 창문턱
- 窗帘 chuānglián 명 커튼

12획 窗 窗 窗 窗 窗 窗 窗 窗 窗 窗 窗 窗

窗

0035

此
cǐ

此 이 차

대 이, 이것 [가까운 사물을 가리키는 지시대사] / 이 때 [시간을 가리키는 대사]

- 此外 cǐwài 접 이 외에, 이 밖에
- 彼此 bǐcǐ 대 피차, 상호

6획 此 此 此 此 此 此

此

0036

粗
cū

粗 거칠 조

형 (실·끈·기둥·나무줄기 등이) 굵다, (알맹이가) 크다 / 거칠다 / 소홀하다

- 粗沙 cū shā 굵은 모래, 거친 모래
- 粗糙 cūcāo 형 거칠다 / 서투르다
- 粗心 cūxīn 형 소홀하다, 부주의하다

11획 粗 粗 粗 粗 粗 粗 粗 粗 粗 粗 粗

粗

0037

存
cún

存 있을 존

동 있다, 존재하다, 생존하다 / 보존하다, 저장하다

- 生存 shēngcún 명 동 생존(하다)
- 保存 bǎocún 동 보존하다, 간수하다, 간직하다
- 储存 chǔcún 동 모아 두다 명 저장량

6획 存 存 存 存 存 存

存

0038

袋
dài

袋 자루 대

명 양 부대, 자루 [부대에 넣은 물건을 세는 단위]

- 袋子 dàizi 명 주머니, 자루, 포대
- 纸袋 zhǐ dài 종이 가방
- 塑料袋 sùliào dài 비닐 봉투

11획 袋 袋 袋 袋 袋 袋 袋 袋 袋 袋 袋

袋

0039

戴
dài

戴 일 대

동 착용하다, 쓰다

- 穿戴 chuāndài 명 옷과 장신구, 옷차림

17획 戴 戴 戴 戴 戴 戴 戴 戴 戴 戴 戴 戴 戴 戴 戴 戴 戴

戴

0040

弹
dàn / tán

彈 탄알 탄

dàn 명 (대포·총 등의) 탄환
tán 동 (악기를) 타다, 켜다, 연주하다
명 형 탄력(이 있다)

- 子弹 zǐdàn 명 총알
- 弹钢琴 tán gāngqín 피아노를 치다
- 弹性 tánxìng 명 탄성, 탄력성

11획 弹 弹 弹 弹 弹 弹 弹 弹 弹 弹 弹

弹

0041

刀
dāo

刀 칼 도

명 칼

- 刀子 dāozi 명 작은 칼
- 剪刀 jiǎndāo 명 가위
- 剃刀 tìdāo 명 면도칼

2획 刀 刀

刀

0042

导
dǎo

導 인도할 도

동 인도하다, 이끌다 / 지도하다 / 연출하다

명 감독

- 向导 xiàngdǎo 명 가이드 동 길을 안내하다
- 指导 zhǐdǎo 동 지도하다
- 辅导 fǔdǎo 동 학습을 도우며 지도하다
- 导演 dǎoyǎn 명 연출자, 감독, 안무

6획 导 导 导 导 导 导

导

0043

倒
dǎo / dào

倒 넘어질 도

dǎo 동 (옆으로) 넘어지다, 자빠지다

dào 동 (상하·전후가) 거꾸로 되다, 뒤집다 / 쏟다

- 摔倒 shuāidǎo 동 쓰러지다, 자빠지다
- 倒车 dàochē 동 차를 뒤로 몰다, 차를 후진시키다
- 倒水 dào shuǐ 물을 쏟다, 물을 붓다

10획 倒 倒 倒 倒 倒 倒 倒 倒 倒 倒

倒

0044

登
dēng

登 오를 등

동 (사람이) 오르다, 올라가다 / 기재하다

- 登山 dēngshān 동 등산하다
- 登机 dēng jī (비행기에) 탑승하다
- 登记 dēngjì 동 등기하다, 등록하다

12획 登 登 登 登 登 登 登 登 登 登 登 登

登

0045

低
dī

低 낮을 저

형 낮다
동 (머리를) 숙이다

- 降低 jiàngdī 동 내리다, 인하하다
- 低头 dītóu 동 머리를 숙이다

7획 低 低 低 低 低 低 低

低

0046

底
dǐ

底 밑 저, 이룰 지

명 밑, 바닥 / 말(末), 끝

- 海底 hǎidǐ 명 해저, 바다의 밑바닥
- 月底 yuèdǐ 명 월말

8획 底 底 底 底 底 底 底 底

底

0047

掉
diào

掉 흔들 도

동 떨어지다

- 掉下 diào xia 낙하하다, 떨어지다
- 掉牙 diào yá 이가 빠지다

11획 掉 掉 掉 掉 掉 掉 掉 掉 掉 掉 掉

掉

0048

丢
diū

丢 아주 갈 주

동 잃다, 잃어버리다

- 丢人 diūrén 동 체면을 잃다, 체면이 깎이다
- 丢失 diūshī 동 분실하다, 잃어버리다

6획 丢 丢 丢 丢 丢 丢

丢

0049

堵

dǔ

堵 담 도, 강 이름 자

동 막다, 가로막다, 틀어막다

- 堵车 dǔchē 동 교통이 꽉 막히다
- 堵塞 dǔsè 동 막히다, 가로막다
- 拥堵 yōngdǔ 동 (사람·차 때문에) 길이 막히다, 꽉 차다

11획 堵 堵 堵 堵 堵 堵 堵 堵 堵 堵 堵

堵

0050

肚

dù

肚 배 두

명 배, 복부

- 肚子 dùzi 명 복부
- 肚脐 dùqí 명 배꼽

7획 肚 肚 肚 肚 肚 肚 肚

肚

0051

度

dù

度 법도 도, 헤아릴 탁, 살 택

명 (도량형의) 도, 길이 / (온도·밀도·경도 등의) 도

- 温度 wēndù 명 온도
- 程度 chéngdù 명 정도

9획 度 度 度 度 度 度 度 度 度

度

0052

断

duàn

斷 끊을 단

동 자르다, 끊다 / 판단하다, 결정하다

- 不断 búduàn 부 계속해서, 끊임없이
- 果断 guǒduàn 형 과단성 있다
- 判断 pànduàn 동 판단하다, 판정하다
- 诊断 zhěnduàn 동 진단하다

11획 断 断 断 断 断 断 断 断 断 断 断

断

0053

锻
duàn

鍛 불릴 단

동 단조하다

- 锻造 duànzào 동 단조하다
- 锻炼 duànliàn 동 단련하다

14획 锻 锻 锻 锻 锻 锻 锻 锻 锻 锻 锻 锻 锻 锻

锻

0054

队
duì

隊 무리 대, 떨어질 추

명 열, 대열 행렬 / 팀

- 队伍 duìwu 명 대오, 대열
- 排队 páiduì 동 줄을 서다
- 军队 jūnduì 명 군대
- 队友 duìyǒu 명 팀 동료

4획 队 队 队 队

队

0055

烦
fán

煩 번거로울 번

형 답답하다, 괴롭다 / 번거롭다, 귀찮다

- 烦恼 fánnǎo 형 번뇌하다, 고민스럽다 명 걱정, 번뇌
- 麻烦 máfan 형 귀찮다 동 폐를 끼치다

10획 烦 烦 烦 烦 烦 烦 烦 烦 烦 烦

烦

0056

反
fǎn

反 돌이킬 반, 돌아올 반

형 반대의, 거꾸로의

- 反对 fǎnduì 동 반대하다
- 相反 xiāngfǎn 접 반대로 동 상반되다

4획 反 反 反 反

反

0057

肥

féi

肥 살찔 비

형 살지다

- 减肥 jiǎnféi 동 살을 빼다, 감량하다
- 肥胖 féipàng 형 뚱뚱하다

8획 肥 肥 肥 肥 肥 肥 肥 肥

肥

0058

费

fèi

費 쓸 비

명 비용, 요금, 수수료
동 쓰다, 소비하다

- 费用 fèiyong 명 비용, 지출
- 消费 xiāofèi 동 소비하다

9획 费 费 费 费 费 费 费 费 费

费

0059

份

fèn

份 부분 분, 빛날 빈

양 조각 / 벌, 세트
명 전체 중의 일부분

- 股份 gǔfèn 명 주식
- 份额 fèn'é 명 배당, 몫 / (상품의) 시장 점유율

6획 份 份 份 份 份 份

份

0060

奋

fèn

奮 떨칠 분, 바다물 못 강

동 분발하다

- 兴奋 xīngfèn 형 격동하다, 격분하다, 흥분하다
- 奋斗 fèndòu 동 분투하다
- 勤奋 qínfèn 형 부지런하다, 열심히 하다

8획 奋 奋 奋 奋 奋 奋 奋 奋

奋

0061

丰

fēng

豐 풍채 풍, 예쁠 봉

형 풍부하다, 풍족하다

- 丰富 fēngfù 형 많다, 풍부하다
- 丰盛 fēngshèng 형 풍성하다, 성대하다
- 丰满 fēngmǎn 형 풍만하다, 포동포동하다
- 丰厚 fēnghòu 형 푸짐하다, 융숭하다

4획 丰 丰 丰 丰

丰

0062

封

fēng

封 봉할 봉

동 봉하다, 막다, 밀폐하다
명 봉지, 봉투

- 封闭 fēngbì 동 봉인하다, 봉쇄하다
- 封锁 fēngsuǒ 동 폐쇄하다, 봉쇄하다
- 信封 xìnfēng 명 편지 봉투
- 封面 fēngmiàn 명 (책의) 겉 표지

9획 封 封 封 封 封 封 封 封 封

封

0063

否

fǒu

否 아닐 부, 막힐 비

동 부정하다

- 否定 fǒudìng 동 부정하다 형 부정의
- 否认 fǒurèn 동 부인하다, 부정하다
- 否则 fǒuzé 접 만약 그렇지 않으면

7획 否 否 否 否 否 否 否

否

0064

肤

fū

膚 살갗 부

명 피부

- 肤色 fūsè 명 피부색

8획 肤 肤 肤 肤 肤 肤 肤 肤

肤

0065

符

fú

符 부호 부

동 들어맞다, 부합하다
명 부호, 기호

- 符合 fúhé 동 부합하다
- 不符 bùfú 동 서로 맞지 않다, 일치하지 않다
- 符号 fúhào 명 기호, 표기, 부호

11획 符 符 符 符 符 符 符 符 符 符 符

符

0066

福

fú

福 복 복, 간직할 부

명 복, 행복

- 福气 fúqi 명 복, 행운
- 祝福 zhùfú 동 축복하다, 축원하다 명 축복, 축하

13획 福 福 福 福 福 福 福 福 福 福 福 福 福

福

0067

父

fù

父 아버지 부, 아비 부

명 아버지

- 父亲 fùqīn 명 아버지
- 祖父 zǔfù 명 조부, 할아버지
- 父母 fùmǔ 명 부모

4획 父 父 父 父

父

0068

付

fù

付 줄 부

동 교부하다, 넘겨주다 / 지불하다, 지출하다

- 交付 jiāofù 동 교부하다, 건네주다
- 付出 fùchū 동 지출하다, 지불하다 / 들이다
- 付钱 fù qián 돈을 지불하다

5획 付 付 付 付 付

付

0069

负
fù

負 질 부

명 동 임무(를 맡다), 책임(지다)

- 负责 fùzé 동 책임지다

6획 负 负 负 负 负 负

负

0070

富
fù

富 부유할 부

형 풍부하다, 부유하다

- 富人 fùrén 명 부자
- 财富 cáifù 명 부, 자산
- 富裕 fùyù 형 부유하다

12획 富 富 富 富 富 富 富 富 富 富 富 富

富

0071

改
gǎi

改 고칠 개

동 변하다, 바뀌다 / 개혁하다, 바꾸다

- 改革 gǎigé 명 동 개혁(하다)
- 改进 gǎijìn 동 개량하고 발전시키다
- 改善 gǎishàn 동 개선하다

7획 改 改 改 改 改 改 改

改

0072

赶
gǎn

趕 쫓을 간

동 뒤쫓다, 따라가다 / 서두르다, 다그치다

- 赶上 gǎnshàng 동 따라잡다
- 追赶 zhuīgǎn 동 쫓다, 따라잡다
- 赶紧 gǎnjǐn 부 서둘러, 재빨리, 어서

10획 赶 赶 赶 赶 赶 赶 赶 赶 赶 赶

赶

0073

敢

gǎn

敢 감히 감, 구태여 감

조동 감히 ~하다

- **勇敢** yǒnggǎn 형 용감하다

11획 敢 敢 敢 敢 敢 敢 敢 敢 敢 敢 敢

敢

0074

钢

gāng

鋼 강철 강

명 강철

- **钢笔** gāngbǐ 명 만년필의 약칭

9획 钢 钢 钢 钢 钢 钢 钢 钢 钢

钢

0075

糕

gāo

糕 떡 고

명 쌀가루나 밀가루에 다른 재료를 넣어서 찐 떡

- **糕点** gāodiǎn 명 케이크·과자·빵 등의 총칭
- **年糕** niángāo 명 (중국식) 설 떡

16획 糕 糕 糕 糕 糕 糕 糕 糕 糕 糕 糕 糕 糕 糕 糕 糕

糕

0076

格

gé

格 격식 격, 가지 각

명 격자, 네모 칸 / 표준, 규격 / 품성, 품격

- **表格** biǎogé 명 표, 양식, 도표
- **合格** hégé 형 규격에 맞다, 합격이다
- **性格** xìnggé 명 성격

10획 格 格 格 格 格 格 格 格 格 格

格

0077

各
gè

各 각각 각

대 각, 여러

- 各自 gèzì 대 각자, 제각기
- 各位 gèwèi 명 여러분
- 各种 gèzhǒng 형 각종(의), 여러 가지

6획 各 各 各 各 各 各

各

0078

功
gōng

功 공 공

명 공로, 공적 / 성과, 업적 / 기술, 솜씨

- 用功 yònggōng 동 열심히 공부하다, 노력하다
- 功夫 gōngfu 명 실력, 능력
- 功能 gōngnéng 명 기능, 효능

5획 功 功 功 功 功

功

0079

供
gōng / gòng

供 이바지할 공

gōng 동 공급하다, 제공하다
gòng 동 (제물을) 바치다
명 공물, 제물

- 提供 tígōng 동 제공하다, 공급하다
- 供应 gōngyìng 동 제공하다, 공급하다
- 上供 shànggòng 동 제물을 바치다
- 供品 gòngpǐn 명 공물, 제물

8획 供 供 供 供 供 供 供 供

供

0080

购
gòu

購 살 구

동 사다, 구입하다

- 购买 gòumǎi 동 구입하다, 구매하다
- 采购 cǎigòu 동 구입하다, 사들이다
- 订购 dìnggòu 동 주문하다, (물품을) 예약 구입하다

8획 购 购 购 购 购 购 购 购

购

0081

够

gòu

够 모을 구

형 충분하다, 넉넉하다

- 够用 gòuyòng 형 충분하다, 쓸모 있다
- 不够 búgòu 형 부족하다, 모자라다
- 能够 nénggòu 동 ~할 수 있다

11획 够 够 够 够 够 够 够 够 够 够 够

够

0082

估

gū

估 값 고

동 평가하다, 추측하다

- 估计 gūjì 동 추측하다
- 评估 pínggū 동 평가하다, 평의하고 가격을 매기다
- 低估 dīgū 동 과소평가하다, 얕잡아 보다

7획 估 估 估 估 估 估 估

估

0083

卦

guà

卦 점괘 괘

동 점치다
명 점괘

- 占卦 zhānguà 동 (괘를 풀이하여) 점치다

8획 卦 卦 卦 卦 卦 卦 卦 卦

卦

0084

观

guān

觀 볼 관

동 보다, 구경하다
명 모습, 경치

- 观看 guānkàn 동 관찰하다, 보다
- 观众 guānzhòng 명 관중, 시청자
- 景观 jǐngguān 명 경관, 경치

6획 观 观 观 观 观 观

观

0085

管

guǎn

管 대롱 관, 주관할 관

명 (원통형의) 관
동 관리하다, 책임지다

- 管子 guǎnzi 명 관, 호스
- 管理 guǎnlǐ 동 관리하다

14획 管 管 管 管 管 管 管 管 管 管 管 管 管 管

管

0086

光

guāng

光 빛 광

명 빛, 광선 / 풍경, 경치
형 밝다

- 发光 fāguāng 동 발광하다, 광채를 내다
- 风光 fēngguāng 명 풍경, 경치, 풍광
- 光明 guāngmíng 명 광명 형 밝다, 환하다

6획 光 光 光 光 光 光

光

0087

广

guǎng

廣 넓을 광, 집 엄, 암자 암

형 넓다
동 넓히다, 확대하다

- 广大 guǎngdà 형 넓다, 크다
- 推广 tuīguǎng 동 널리 보급하다, 일반화하다

3획 广 广 广

广

0088

逛

guàng

逛 달아날 광

동 돌아다니다, 구경하다

- 逛街 guàngjiē 동 거리를 구경하며 돌아다니다
- 闲逛 xiánguàng 동 한가로이 돌아다니다

10획 逛 逛 逛 逛 逛 逛 逛 逛 逛 逛

逛

0089

规
guī

规 법 규

명 규칙, 관례, 규정

• 规则 guīzé 명 규칙, 규정

8획 规 规 规 规 规 规 规 规

规

0090

海
hǎi

海 바다 해

명 바다, 큰 호수

• 海洋 hǎiyáng 명 해양, 바다
• 海运 hǎiyùn 명 해운
• 海外 hǎiwài 명 해외, 외국

10획 海 海 海 海 海 海 海 海 海 海

海

0091

寒
hán

寒 찰 한

형 춥다, 차다

• 寒冷 hánlěng 형 한랭하다, 몹시 춥다
• 严寒 yánhán 형 추위가 심하다
• 寒假 hánjià 명 겨울 방학

12획 寒 寒 寒 寒 寒 寒 寒 寒 寒 寒 寒 寒

寒

0092

汗
hàn

汗 땀 한, 현 이름 간

명 땀

• 汗水 hànshuǐ 명 땀
• 出汗 chūhàn 동 땀이 나다

6획 汗 汗 汗 汗 汗 汗

汗

0093

航
háng

航 배 항

명 배
동 (배·비행기가) 운항하다, 항행하다

- 航空 hángkōng 명 형 항공(의)
- 航班 hángbān 명 항공편
- 导航 dǎoháng 동 항해나 항공을 유도하다

10획 航 航 航 航 航 航 航 航 航 航

航

0094

合
hé

合 합할 합, 쪽문 합, 홉 홉

동 합치다, 모으다 / 맞다, 부합하다

- 合作 hézuò 명 동 합작(하다)
- 合适 héshì 형 적당하다, 알맞다

6획 合 合 合 合 合 合

合

0095

何
hé

何 어찌 하, 꾸짖을 하, 멜 하

대 의문·반문을 나타냄

- 任何 rènhé 대 어떠한
- 如何 rúhé 대 어떠한가, 어떻게
- 何必 hébì 부 ~할 필요가 있는가

7획 何 何 何 何 何 何 何

何

0096

盒
hé

盒 합 합

명 통, 함, 합, 갑
양 갑 [작은 상자를 셀 때 쓰임]

- 盒子 hézi 명 작은 상자, 합, 곽
- 盒饭 héfàn 명 도시락 밥

11획 盒 盒 盒 盒 盒 盒 盒 盒 盒 盒 盒

盒

0097

贺
hè

賀 하례할 하

[동] 경축하다, 축하하다

- 祝贺 zhùhè [동] 축하하다, 경하하다
- 贺卡 hèkǎ [명] 축하 카드
- 贺词 hècí [명] 축사, 축하문

9획 贺 贺 贺 贺 贺 贺 贺 贺 贺

贺

0098

厚
hòu

厚 두터울 후

[형] 두껍다, 두텁다

- 厚度 hòudù [명] 두께
- 厚道 hòudao [형] 너그럽다, 관대하다
- 浓厚 nónghòu [형] 짙다, 농후하다

9획 厚 厚 厚 厚 厚 厚 厚 厚 厚

厚

0099

呼
hū

呼 부를 호

[동] 숨을 내쉬다 / 부르다

- 呼吸 hūxī [동] 호흡하다
- 招呼 zhāohu [동] 부르다 / 인사하다
- 称呼 chēnghu [동] ~(이)라고 부르다 [명] 호칭

8획 呼 呼 呼 呼 呼 呼 呼 呼

呼

0100

虎
hǔ

虎 범 호

[명] 범, 호랑이

- 老虎 lǎohǔ [명] 호랑이

8획 虎 虎 虎 虎 虎 虎 虎 虎

虎

0101

互
hù

互 서로 호

부 서로

- 互补 hùbǔ 동 서로 보충하다
- 互助 hùzhù 동 서로 돕다

4획 互 互 互 互

互

0102

户
hù

戶 집 호, 지게 호

명 양 집, 가정, 세대, 호

- 户口 hùkǒu 명 호구, 호적
- 户主 hùzhǔ 명 가장, 호주

4획 户 户 户 户

户

0103

划
huá / huà

劃 그을 획

huá 동 (배를) 젓다
huà 동 긋다 / 계획하다

- 划船 huá chuán (노 등으로) 배를 젓다
- 划线 huà xiàn 선을 긋다, 줄을 치다
- 计划 jìhuà 명 동 기획(하다), 계획(하다)

6획 划 划 划 划 划 划

划

0104

怀
huái

懷 품을 회,성낼 부

동 (마음 속에) 품다 / 그리워하다 / 임신하다
명 품, 가슴 / 마음, 생각

- 怀疑 huáiyí 동 의심을 품다, 의심하다
- 怀念 huáiniàn 동 회상하다, 추억하다
- 怀孕 huáiyùn 동 임신하다

7획 怀 怀 怀 怀 怀 怀 怀

怀

0105

悔

huǐ

悔 뉘우칠 회

동 뉘우치다, 후회하다

- 后悔 hòuhuǐ 동 후회하다
- 悔改 huǐgǎi 동 회개하다

10획 悔 悔 悔 悔 悔 悔 悔 悔 悔 悔

悔

0106

活

huó

活 살 활, 물 콸콸 흐를 괄

동 살다, 생존하다, 생활하다
형 활기차다, 생기 있다

- 生活 shēnghuó 명 생활
- 活力 huólì 명 활력, 생기

9획 活 活 活 活 活 活 活 活 活

活

0107

货

huò

貨 재화 화

명 돈, 화폐 / 물품, 상품

- 货币 huòbì 명 화폐
- 货物 huòwù 명 물품, 상품, 화물

8획 货 货 货 货 货 货 货 货

货

0108

获

huò

獲 얻을 획, 거둘 확

동 얻다, 획득하다 /
거두어들이다, 수확하다

- 获得 huòdé 동 얻다, 취득하다
- 获利 huòlì 동 이익을 얻다
- 收获 shōuhuò 동 수확하다, 추수하다 명 수확물, 성과물

10획 获 获 获 获 获 获 获 获 获 获

获

0109

积
jī

積 쌓을 적, 저축 자

동 쌓다, 쌓이다, 축적하다

- 积累 jīlěi 동 쌓이다, 누적되다
- 积蓄 jīxù 동 저축하다, 축적하다 명 저축, 저금

10획 积 积 积 积 积 积 积 积 积 积

积

0110

基
jī

基 터 기

형 기초적인, 기본적인
명 기초, 토대

- 基本 jīběn 형 기본의, 기본적인 부 거의, 대체로
- 基础 jīchǔ 명 기초
- 基金 jījīn 명 기금, 펀드

11획 基 基 基 基 基 基 基 基 基 基 基

基

0111

激
jī

激 격할 격

동 (물결이) 일다, 솟구치다 / (감정이) 격동되다 / (감정을) 자극하다
형 격렬하다, 강렬하다

- 感激 gǎnjī 동 감격하다
- 激动 jīdòng 동 격렬하다, 감동하다, 흥분하다
- 刺激 cìjī 동 자극하다 명 (정신적) 자극, 충격

16획 激 激 激 激 激 激 激 激 激 激 激 激 激 激 激 激

激

0112

及
jí

及 미칠 급

동 도달하다, 이르다
접 및, 와, 과

- 及格 jígé 동 합격하다
- 及时 jíshí 형 시기 적절하다 부 즉시, 곧바로
- 以及 yǐjí 접 및, 그리고

3획 及 及 及

及

0113

即
jí

即 곧 즉

부 곧, 바로
접 설령 ~하더라도

- 立即 lìjí 부 곧, 즉시
- 即将 jíjiāng 부 곧, 머지않아
- 即使 jíshǐ 접 설령 ~하더라도
- 即便 jíbiàn 접 설령 ~하더라도

7획 即 即 即 即 即 即 即

即

0114

计
jì

計 셀 계

동 세다, 계산하다 / 계획하다, 생각하다

- 计价 jìjià 동 가격을 계산하다
- 设计 shèjì 명 동 설계(하다), 계획(하다)

4획 计 计 计 计

计

0115

纪
jì

紀 벼리 기

명 '年'과 결합하여 나이를 나타냄
동 기록하다, 기재하다

- 年纪 niánjì 명 나이
- 纪录 jìlù 명 동 기록(하다)
- 纪念 jìniàn 동 기념하다 명 기념물, 기념품

6획 纪 纪 纪 纪 纪 纪

纪

0116

技
jì

技 재주 기

명 기능, 기술, 재능

- 技术 jìshù 명 기술
- 技能 jìnéng 명 기능, 솜씨
- 杂技 zájì 명 잡기, 곡예
- 技巧 jìqiǎo 명 기교, 테크닉

7획 技 技 技 技 技 技 技

技

0117

际 jì

際 때 제

명 사이, 상호간
명 동 회합(하다), 교제(하다)

- 国际 guójì 명 국제 형 국제적인
- 交际 jiāojì 동 교제하다, 서로 사귀다

7획 际 际 际 际 际 际 际

际

0118

既 jì

既 이미 기

접 ~된 바에야

- 既然 jìrán 접 ~된 바에야, ~한 이상

9획 既 既 既 既 既 既 既 既 既

既

0119

寄 jì

寄 부칠 기

동 우편으로 부치다 / 맡기다, 위탁하다

- 寄信 jì xìn 편지를 부치다
- 邮寄 yóujì 동 우송하다
- 寄存 jìcún 동 맡겨두다, 보관시키다

11획 寄 寄 寄 寄 寄 寄 寄 寄 寄 寄 寄

寄

0120

假 jiǎ / jià

假 거짓 가, 멀 하, 이를 격

jiǎ 명 형 거짓(의), 가짜(의)
동 가정하다
jià 명 휴가, 휴일

- 真假 zhēnjiǎ 명 진위, 진짜와 가짜
- 假如 jiǎrú 접 가령, 만약, 만일
- 假期 jiàqī 명 휴가 기간

11획 假 假 假 假 假 假 假 假 假 假 假

假

0121

价
jià

價 클 개, 값 가

명 값, 가격 / 가치

- 价格 jiàgé 명 가격, 값
- 代价 dàijià 명 대가
- 评价 píngjià 동 평가하다
- 价值 jiàzhí 명 가치

6획 价 价 价 价 价 价

价

0122

坚
jiān

堅 굳을 견

형 단단하다, (의지가) 굳다

- 坚决 jiānjué 형 단호하다, 결연하다
- 坚强 jiānqiáng 형 굳세다, 꿋꿋하다
- 坚定 jiāndìng 형 확고부동하다

7획 坚 坚 坚 坚 坚 坚 坚

坚

0123

减
jiǎn

減 덜 감

동 빼다, 줄이다 / 낮아지다, 쇠퇴하다

- 减价 jiǎnjià 동 값을 내리다, 할인하다
- 减弱 jiǎnruò 동 (힘·기세 등이) 약해지다, 쇠약해지다

11획 减 减 减 减 减 减 减 减 减 减 减

减

0124

建
jiàn

建 세울 건, 엎지를 건

동 세우다, 설립하다 / 제안하다

- 建立 jiànlì 동 세우다, 설립하다
- 建设 jiànshè 동 세우다, 건설하다
- 建议 jiànyì 동 제안하다 명 건의

8획 建 建 建 建 建 建 建 建

建

0125

江
jiāng

江 강 강

명 강

• 江湖 jiānghú 명 강과 호수

6획 江 江 江 江 江 江

江

0126

将
jiāng

將 장수 장, 장차 장

부 장차, 막, 곧
명 장군

• 将来 jiānglái 명 장래, 미래
• 将军 jiāngjūn 명 장군

9획 将 将 将 将 将 将 将 将 将

将

0127

奖
jiǎng

獎 장려할 장

명 격려·표창하기 위하여 주는 영예·상장·상품·상금 등
동 장려하다, 칭찬하다

• 奖金 jiǎngjīn 명 상금, 상여금
• 奖品 jiǎngpǐn 명 상품, 포상
• 奖励 jiǎnglì 동 장려하다, 표창하다 명 상, 상금
• 过奖 guòjiǎng 동 과찬이십니다

9획 奖 奖 奖 奖 奖 奖 奖 奖 奖

奖

0128

降
jiàng

降 내릴 강, 항복할 항

동 내리다, 떨어지다

• 降价 jiàngjià 동 값을 내리다, 할인하다
• 降落 jiàngluò 동 내려오다, 착륙하다

8획 降 降 降 降 降 降 降 降

降

0129

交

jiāo

交 사귈 교

동 사귀다
명 동 무역(하다), 거래(하다)
부 서로, 상호

- 交道 jiāodào 명 사귐, 교제
- 交易 jiāoyì 동 교역하다, 매매하다 명 교역
- 交流 jiāoliú 동 서로 소통하다, 교류하다

6획 交 交 交 交 交 交

交

0130

郊

jiāo

郊 들 교

명 교외, 시외

- 郊区 jiāoqū 명 도시의 변두리
- 郊外 jiāowài 명 교외
- 郊游 jiāoyóu 동 교외로 소풍가다

8획 郊 郊 郊 郊 郊 郊 郊 郊

郊

0131

饺

jiǎo

餃 경단 교

명 교자, 만두

- 饺子 jiǎozi 명 만두, 교자
- 水饺 shuǐjiǎo 명 물만두

9획 饺 饺 饺 饺 饺 饺 饺 饺 饺

饺

0132

巾

jīn

巾 수건 건

명 천 조각, 수건

- 毛巾 máojīn 명 수건, 타월
- 围巾 wéijīn 명 목도리, 스카프

3획 巾 巾 巾

巾

0133

金
jīn

金 쇠 금, 성씨 김

명 돈 / 금속

• 现金 xiànjīn 명 현금
• 金属 jīnshǔ 명 금속

8획 金 金 金 金 金 金 金 金

金

0134

仅
jǐn

僅 겨우 근, 줄 부, 거동 의

부 다만, 단지, ~뿐

• 不仅 bùjǐn 접 ~뿐만 아니라
• 仅仅 jǐnjǐn 부 단지, 다만

4획 仅 仅 仅 仅

仅

0135

紧
jǐn

緊 긴할 긴

형 (형세가) 긴급하다

• 紧张 jǐnzhāng 형 긴장해 있다, 불안하다
• 不要紧 bú yàojǐn 괜찮다, 문제될 것이 없다

10획 紧 紧 紧 紧 紧 紧 紧 紧 紧 紧

紧

0136

尽
jǐn / jìn

盡 다할 진

jǐn 동 되도록 ~하다
jìn 동 다 쓰다

• 尽快 jǐnkuài 부 되도록 빨리
• 尽量 jǐnliàng 부 가능한 한
• 尽力 jìnlì 동 전력을 다하다

6획 尽 尽 尽 尽 尽 尽

尽

0137

禁
jìn

禁 금할 금

동 금지하다 / 감금하다

- 禁止 jìnzhǐ 동 금지하다, 불허하다
- 严禁 yánjìn 동 엄금하다

13획 禁 禁 禁 禁 禁 禁 禁 禁 禁 禁 禁 禁 禁

禁

0138

惊
jīng

驚 놀랄 경, 슬플 량(양)

동 놀라다 / 놀라게 하다

- 吃惊 chījīng 동 놀라다
- 惊讶 jīngyà 형 놀랍고 의아하다
- 惊喜 jīngxǐ 명 놀람과 기쁨
  형 (뜻밖의 좋은 일로) 놀라고도 기뻐하다

11획 惊 惊 惊 惊 惊 惊 惊 惊 惊 惊 惊

惊

0139

精
jīng

精 정할 정, 찧을 정

형 훌륭하다, 우수하다
명 정신

- 精彩 jīngcǎi 형 뛰어나다, 훌륭하다
- 精神 jīngshén 명 정신
- 精力 jīnglì 명 정력, 정신과 체력

14획 精 精 精 精 精 精 精 精 精 精 精 精 精 精

精

0140

景
jǐng

景 볕 경, 그림자 영

명 경치, 풍경

- 情景 qíngjǐng 명 정경, 광경
- 背景 bèijǐng 명 배경

12획 景 景 景 景 景 景 景 景 景 景 景 景

景

0141

警

jǐng

警 깨우칠 경, 경계할 경

명 경찰 [약칭]
동 경고하다 / 경계하다

- 警察 jǐngchá 명 경찰
- 警告 jǐnggào 명 동 경고(하다)
- 警卫 jǐngwèi 명 경호원, 경비원 동 경위하다

19획 警 警 警 警 警 警 警 警 警 警 警 警 警 警 警 警 警 警 警

警

0142

竞

jìng

競 다툴 경

동 다투다, 경쟁하다

- 竞争 jìngzhēng 명 동 경쟁(하다)
- 竞选 jìngxuǎn 동 경선하다 명 경선, 선거운동

10획 竞 竞 竞 竞 竞 竞 竞 竞 竞 竞

竞

0143

竟

jìng

竟 마침내 경

부 결국, 끝내 / 뜻밖에, 의외에

- 毕竟 bìjìng 부 결국, 끝내, 필경
- 竟然 jìngrán 부 뜻밖에도, 의외로

11획 竟 竟 竟 竟 竟 竟 竟 竟 竟 竟 竟

竟

0144

镜

jìng

鏡 거울 경

명 거울

- 镜子 jìngzi 명 거울

16획 镜 镜 镜 镜 镜 镜 镜 镜 镜 镜 镜 镜 镜 镜 镜 镜

镜

0145

究

jiū

究 연구할 구

동 연구하다, 탐구하다
부 결국, 도대체

- 研究 yánjiū 동 연구하다
- 究竟 jiūjìng 부 도대체 명 경위, 결말, 결과

7획 究 究 究 究 究 究 究

究

0146

局

jú

局 판 국

명 형세, 형편 / 국 ['部'보다 작고 '处'보다 큰 기관·조직 등의 업무 단위의 하나]

- 全局 quánjú 명 전체 국면
- 公安局 gōng'ānjú 명 공안국, 경찰국

7획 局 局 局 局 局 局 局

局

0147

举

jǔ

擧 들 거, 마주 들 여

동 들어 올리다

- 举手 jǔ shǒu 거수하다, 손을 들다

9획 举 举 举 举 举 举 举 举 举

举

0148

拒

jù

拒 막을 거, 방진 구

동 거절하다, 거부하다

- 拒绝 jùjué 동 거절하다, 거부하다
- 拒收 jùshōu 동 거절하고 받지 않다

7획 拒 拒 拒 拒 拒 拒 拒

拒

0149

具
jù

具 갖출 구

명 기구, 도구

- 工具 gōngjù 명 공구, 작업 도구
- 文具 wénjù 명 문구, 문방구

8획 具 具 具 具 具 具 具 具

具

0150

剧
jù

劇 심할 극

명 연극, 극
형 심하다, 격렬하다

- 剧本 jùběn 명 극본, 각본
- 剧烈 jùliè 형 극렬하다, 격렬하다

10획 剧 剧 剧 剧 剧 剧 剧 剧 剧 剧

剧

0151

距
jù

距 상거할 거, 막을 거

명 거리, 간격

- 差距 chājù 명 차이, 격차
- 间距 jiānjù 명 간격

11획 距 距 距 距 距 距 距 距 距 距 距

距

0152

聚
jù

聚 모을 취

동 모이다, 모으다, 집합하다

- 聚会 jùhuì 동 모이다, 회합하다 명 회합, 모임, 집회
- 聚集 jùjí 동 모으다, 모이다 명 초점

14획 聚 聚 聚 聚 聚 聚 聚 聚 聚 聚 聚 聚 聚 聚

聚

0153

绝

jué

絶 끊을 절

동 끊다, 단절하다
부 절대로, 결코

• 绝交 juéjiāo 동 절교하다
• 绝对 juéduì 형 절대의, 절대적인 부 절대로

9획 绝 绝 绝 绝 绝 绝 绝 绝 绝

绝

0154

科

kē

科 과목 과

명 과목 / 과 [연구 분야를 분류한 작은 부분]

• 科目 kēmù 명 과목, 항목
• 牙科 yá kē 치과

9획 科 科 科 科 科 科 科 科 科

科

0155

棵

kē

棵 나무 이름 과, 땔나무 관

양 그루 [식물을 세는 단위]

• 一棵树 yì kē shù 나무 한 그루

12획 棵 棵 棵 棵 棵 棵 棵 棵 棵 棵 棵 棵

棵

0156

克

kè

剋 이길 극

동 극복하다
양 그램(g)

• 克服 kèfú 동 극복하다 / 참고 견디다
• 千克 qiānkè 양 킬로그램(kg)

7획 克 克 克 克 克 克 克

克

0157

肯
kěn

肯 즐길 긍, 뼈 사이의 살 개

동 승낙하다, 동의하다

- 肯定 kěndìng 부 확실히 동 긍정하다, 인정하다 형 긍정적이다, 확정적이다

8획 肯 肯 肯 肯 肯 肯 肯 肯

肯

0158

苦
kǔ

苦 쓸 고, 땅 이름 호

형 쓰다 / 고통스럽다, 괴롭다

- 苦瓜 kǔguā 명 여주, 쓴 오이
- 痛苦 tòngkǔ 명 고통 형 고통스럽다

8획 苦 苦 苦 苦 苦 苦 苦 苦

苦

0159

款
kuǎn

款 항목 관, 정성 관

동 초대하다, 대접하다
명 스타일 / 돈, 금액

- 款待 kuǎndài 동 환대하다, 정성껏 대접하다
- 款式 kuǎnshì 명 격식, 양식, 스타일, 디자인
- 付款 fù kuǎn 돈을 지불하다

12획 款 款 款 款 款 款 款 款 款 款 款 款

款

0160

况
kuàng

况 상황 황, 하물며 황

명 모양, 상태
접 하물며, 더구나

- 情况 qíngkuàng 명 상황, 동향, 변화
- 况且 kuàngqiě 접 하물며, 게다가, 더구나
- 何况 hékuàng 접 하물며, 더군다나

7획 况 况 况 况 况 况 况

况

0161

困

kùn

睏 곤할 곤

형 곤란하다, 곤궁하다 / 졸리다

- 贫困 pínkùn 형 빈곤하다, 곤궁하다
- 困境 kùnjìng 명 곤경, 궁지
- 发困 fākùn 동 졸리다

7획 困 困 困 困 困 困 困

困

0162

拉

lā

拉 끌 랍(납)

동 끌다, 당기다

- 拉开 lā kāi 당겨서 열다 / 갈라 놓다
- 拉手 lāshou 명 (찬장·서랍·문·창 등의) 손잡이

8획 拉 拉 拉 拉 拉 拉 拉 拉

拉

0163

辣

là

辣 매울 랄(날)

형 맵다, 얼얼하다
명 매운 맛

- 麻辣 málà 형 맵고 얼얼한
- 辣椒 làjiāo 명 고추

14획 辣 辣 辣 辣 辣 辣 辣 辣 辣 辣 辣 辣 辣 辣

辣

0164

懒

lǎn

懶 게으를 라(나)

형 게으르다, 나태하다 / 나른하다

- 懒惰 lǎnduò 형 나태하다, 게으르다
- 发懒 fālǎn 동 게으름 피우다 / 나른해지다
- 懒觉 lǎnjiào 명 늦잠

16획 懒 懒 懒 懒 懒 懒 懒 懒 懒 懒 懒 懒 懒 懒 懒 懒

懒

0165

浪 làng

浪 물결 랑(낭)

명 (큰) 물결, 파도
형 방종하다, 방자하다

- 冲浪 chōnglàng 명 파도타기, 서핑 동 파도를 향해 돌진하다
- 浪费 làngfèi 동 낭비하다

10획 浪 浪 浪 浪 浪 浪 浪 浪 浪 浪

浪

0166

厉 lì

厉 갈 려(여), 나환자 라(나)

형 엄(격)하다 / 사납다, 세차다

- 厉行 lìxíng 동 엄격히 실시하다, 단행하다
- 严厉 yánlì 형 호되다, 매섭다
- 厉害 lìhai 형 무섭다, 대단하다

5획 厉 厉 厉 厉 厉

厉

0167

丽 lì

麗 고울 려(여)

형 아름답다, 곱다

- 美丽 měilì 형 아름답다
- 华丽 huálì 형 화려하다

7획 丽 丽 丽 丽 丽 丽 丽

丽

0168

励 lì

勵 힘쓸 려(여)

동 격려하다, 고무하다

- 鼓励 gǔlì 동 격려하다
- 激励 jīlì 동 격려하다

7획 励 励 励 励 励 励 励

励

0169

利
lì

利 이로울 리(이)

형 편(리)하다 / 순조롭다 / 이롭다, 유익하다
명 이익, 이로움 / 이윤, 이자

- 便利 biànlì 형 편리하다 동 편리하게 하다
- 顺利 shùnlì 형 순조롭다
- 利益 lìyì 명 이익, 이득
- 利息 lìxī 명 이자

7획 利 利 利 利 利 利 利

利

0170

俩
liǎ

倆 둘 량(양), 재주 량(양)

두 개, 두 사람

- 俩人 liǎ rén 두 사람
- 俩月 liǎ yuè 두 달

9획 俩 俩 俩 俩 俩 俩 俩 俩 俩

俩

0171

连
lián

連 잇닿을 련(연)

동 잇다, 연결하다
부 계속하여, 연이어

- 连续 liánxù 동 연속하다, 계속하다
- 接连 jiēlián 동 연속하다, 잇달다
- 一连 yìlián 부 계속해서, 연이어

7획 连 连 连 连 连 连 连

连

0172

怜
lián

憐 불쌍히 여길 련(연)

동 불쌍히 여기다, 동정하다 / 사랑하다, 귀여워하다

- 可怜 kělián 형 불쌍하다 동 동정하다
- 怜爱 lián'ài 동 사랑하다, 어여삐 여기다

8획 怜 怜 怜 怜 怜 怜 怜 怜

怜

0173

联
lián

聯 연이을 련(연)

동 연결하다, 연합하다

- 联系 liánxì 동 연계하다, 관련되다 / 연락하다
- 联络 liánluò 동 연락하다
- 联想 liánxiǎng 동 연상하다
- 联合 liánhé 명 동 결합(하다)

12획 联 联 联 联 联 联 联 联 联 联 联 联

0174

炼
liàn

煉 달굴 련(연)

동 정련하다, 단련하다

- 磨炼 móliàn 동 연마하다, 단련하다
- 提炼 tíliàn 동 정련하다, 추출하다

9획 炼 炼 炼 炼 炼 炼 炼 炼 炼

0175

凉
liáng

凉 서늘할 량(양)

형 서늘하다, 선선하다, 차갑다

- 凉快 liángkuai 형 서늘하다, 선선하다
  동 더위를 식히다, 시원한 바람을 쐬다
- 凉爽 liángshuǎng 형 시원하고 상쾌하다
- 凉菜 liángcài 명 냉채

10획 凉 凉 凉 凉 凉 凉 凉 凉 凉 凉

0176

量
liáng / liàng

量 헤아릴 량(양)

liáng 동 (길이·크기·무게·넓이 등을) 재다 / 가늠하다
liàng 명 용량, 한도 / 양
동 가늠하다, 추측하다

- 量体温 liáng tǐwēn 체온을 재다
- 测量 cèliáng 동 측량하다
- 数量 shùliàng 명 수량, 양
- 力量 lìliàng 명 힘

12획 量 量 量 量 量 量 量 量 量 量 量 量

0177

谅
liàng

諒 살펴 알 량(양), 믿을 량(양)

동 용서하다, 양해하다

- 原谅 yuánliàng 동 양해하다, 용서하다
- 谅解 liàngjiě 동 양해하다, 이해해 주다

10획 谅 谅 谅 谅 谅 谅 谅 谅 谅 谅

谅

0178

列
liè

列 벌일 렬(열)

동 늘어놓다, 배열하다

- 列举 lièjǔ 동 열거하다
- 列车 lièchē 명 열차
- 系列 xìliè 명 계열 / 시리즈

6획 列 列 列 列 列 列

列

0179

林
lín

林 수풀 림(임)

명 숲, 수풀

- 森林 sēnlín 명 삼림
- 山林 shānlín 명 산림

8획 林 林 林 林 林 林 林 林

林

0180

零
líng

零 떨어질 령(영), 영 령(영)

형 영세하다, 자질구레하다, 소량이다
수 영, 공(0)

- 零食 língshí 명 간식
- 零售 língshòu 명 동 소매(하다)
- 二零二二年 èr líng èr èr nián 2022년

13획 零 零 零 零 零 零 零 零 零 零 零 零 零

零

0181

龄

líng

龄 나이 령(영)

명 나이, 연령 / 세, 살 / 연수, 연한

- 同龄 tónglíng 동 나이가 같다
- 高龄 gāolíng 명 고령
- 工龄 gōnglíng 명 근무 연한, 근속 연한

13획 龄 龄 龄 龄 龄 龄 龄 龄 龄 龄 龄 龄 龄

龄

0182

另

lìng

另 헤어질 령(영)

대 다른, 그 밖의

- 另类 lìnglèi 명 남다른 사람, 색다른 것 형 남다르다, 색다르다

5획 另 另 另 另 另

另

0183

流

liú

流 흐를 류(유)

동 흐르다 / 퍼지다, 퍼뜨리다
명 흐름, 물결

- 流泪 liúlèi 동 눈물을 흘리다
- 流行 liúxíng 동 유행하다, 성행하다
- 电流 diànliú 명 전류

10획 流 流 流 流 流 流 流 流 流 流

流

0184

律

lǜ

律 법칙 률(율)

명 법, 법률 / 규율, 법칙, 규칙

- 规律 guīlǜ 명 규율, 법칙, 규칙 형 규칙적이다
- 律师 lǜshī 명 변호사

9획 律 律 律 律 律 律 律 律 律

律

0185

虑

lǜ

慮 근심하는 모양 필

동 생각하다, 고려하다 / 걱정하다, 염려하다

- 考虑 kǎolǜ 동 고려하다
- 顾虑 gùlǜ 명 우려, 근심 동 염려하다, 우려하다

10획 虑 虑 虑 虑 虑 虑 虑 虑 虑 虑

虑

0186

乱

luàn

亂 어지러울 란(난)

동 어지럽히다, 혼란시키다
형 어지럽다, 질서가 없다

- 乱套 luàntào 동 (차례·질서 등이) 어지러워지다
- 乱动 luàndòng 동 난동을 부리다 / 함부로 손을 대다

7획 乱 乱 乱 乱 乱 乱 乱

乱

0187

论

lùn

論 논할 론(논), 조리 륜(윤)

동 논하다, 토론하다 / 말하다, 언급하다

- 讨论 tǎolùn 동 토론하다
- 争论 zhēnglùn 동 쟁론하다, 논쟁하다

6획 论 论 论 论 论 论

论

0188

落

luò

落 떨어질 락(낙)

동 (물체가) 떨어지다 / (해가) 지다 / (시세·가격·수위 등이) 하락하다, 뒤떨어지다

- 日落 rìluò 동 해가 지다
- 落后 luòhòu 동 뒤떨어지다, 낙후하다

12획 落 落 落 落 落 落 落 落 落 落 落 落

落

0189

麻

má

麻 삼 마

동 (저리듯이) 얼얼하다, 저리다, 마비되다

- 发麻 fā má 저리다, (감각이) 무뎌지다
- 麻辣烫 málàtàng 마라탕

11획 麻 麻 麻 麻 麻 麻 麻 麻 麻 麻 麻

麻

0190

码

mǎ

碼 마노 마

명 숫자를 나타내는 부호

- 数码 shùmǎ 명 숫자
- 密码 mìmǎ 명 암호, 비밀번호

8획 码 码 码 码 码 码 码 码

码

0191

漫

màn

漫 흩어질 만

형 가득하다, 충만하다 / 제한없다, 끝없다

- 漫天 màntiān 형 온 하늘에 가득 차다
- 漫长 màncháng 형 (시간·길 등이) 멀다, 길다, 지루하다

14획 漫 漫 漫 漫 漫 漫 漫 漫 漫 漫 漫 漫 漫 漫

漫

0192

毛

máo

毛 터럭 모

명 (동식물의) 털, 깃

- 毛衣 máoyī 명 털옷, 스웨터
- 眉毛 méimao 명 눈썹
- 睫毛 jiémáo 명 속눈썹

4획 毛 毛 毛 毛

毛

0193

美
měi

美 아름다울 미

형 아름답다, 곱다
명 미국

- 美人 měirén 명 미인, 미녀
- 优美 yōuměi 형 우아하고 아름답다
- 美国 Měiguó 미국

9획 美 美 美 美 美 美 美 美 美

美

0194

梦
mèng

夢 꿈 몽

명 꿈 / 헛된 생각, 환상, 공상
동 꿈꾸다, 공상하다

- 做梦 zuòmèng 동 꿈을 꾸다
- 美梦 měimèng 명 단꿈, 아름다운 꿈
- 噩梦 èmèng 명 악몽, 불길한 꿈
- 梦想 mèngxiǎng 명 동 몽상(하다), 망상(에 빠지다)

11획 梦 梦 梦 梦 梦 梦 梦 梦 梦 梦 梦

梦

0195

迷
mí

迷 미혹할 미

동 헷갈리다, 갈피를 잡지 못하다 / 미혹시키다
명 애호가, 광(狂)

- 迷路 mílù 동 길을 잃다
- 迷人 mírén 동 사람을 미혹시키다 형 매혹적이다
- (电)影迷 (diàn)yǐngmí 명 영화광

9획 迷 迷 迷 迷 迷 迷 迷 迷 迷

迷

0196

密
mì

密 빽빽할 밀

형 빽빽하다, 조밀하다 / 친하다, 친밀하다
명 형 비밀(의)

- 密度 mìdù 명 밀도
- 亲密 qīnmì 형 친밀하다, 사이가 좋다
- 保密 bǎomì 동 비밀을 지키다

11획 密 密 密 密 密 密 密 密 密 密 密

密

0197

免
miǎn

免 면할 면, 해산할 문

동 피하다, 모면하다, 면제하다

- 免费 miǎnfèi 동 무료로 하다
- 难免 nánmiǎn 형 면하기 어렵다, 불가피하다
- 免疫 miǎnyì 명 면역
- 免税 miǎnshuì 동 면세하다

7획 免 免 免 免 免 免 免

免

0198

秒
miǎo

秒 분초 초, 까끄라기 묘

양 초 [시간의 단위]

- 秒表 miǎobiǎo 명 스톱워치
- 秒针 miǎozhēn 명 초침

9획 秒 秒 秒 秒 秒 秒 秒 秒 秒

秒

0199

民
mín

民 백성 민

명 백성, 국민 / 어떤 직업에 종사하는 사람

- 国民 guómín 명 국민
- 民族 mínzú 명 민족
- 移民 yímín 명 이민한 사람 동 이민하다
- 农民 nóngmín 명 농민

5획 民 民 民 民 民

民

0200

命
mìng

命 목숨 명

명 생명, 목숨 / 수명
동 명령하다, 지시하다

- 生命 shēngmìng 명 생명
- 短命 duǎnmìng 형 단명하다
- 命令 mìnglìng 명 동 명령(하다)

8획 命 命 命 命 命 命 命 命

命

0201

母

mǔ

母 어머니 모

명 어머니, 모친

- 母亲 mǔqīn 명 모친, 어머니
- 母亲节 Mǔqīn Jié 어머니의 날 [매년 5월 둘째 주 일요일]

5획 母 母 母 母 母

母

0202

耐

nài

耐 견딜 내, 능할 능

동 참다, 견디다, 버티다

- 耐心 nàixīn 형 참을성이 있다 명 참을성
- 忍耐 rěnnài 동 참다, 인내하다

9획 耐 耐 耐 耐 耐 耐 耐 耐 耐

耐

0203

恼

nǎo

惱 번뇌할 뇌

동 화내다, 성내다 / 고민하다, 번민하다

- 恼火 nǎohuǒ 동 노하다, 성내다, 화내다 형 노엽다
- 苦恼 kǔnǎo 명 고뇌 동 고민하다 형 괴롭다, 고민스럽다

9획 恼 恼 恼 恼 恼 恼 恼 恼 恼

恼

0204

闹

nào

鬧 시끄러울 뇨(요)

형 떠들썩하다, 시끄럽다
동 떠들다, 소란을 피우다

- 闹钟 nàozhōng 명 자명종, 알람
- 哭闹 kū nào 울고불고 난리를 피우다

8획 闹 闹 闹 闹 闹 闹 闹 闹

闹

0205

内

nèi

内 안 내, 들일 납

명 안, 안쪽, 내부

- 内部 nèibù 명 내부
- 内科 nèikē 명 내과
- 内涵 nèihán 명 내포

4획 内 内 内 内

内

0206

弄

nòng

弄 희롱할 롱(농)

동 가지고 놀다, 만지다 / 하다, 행하다

- 玩弄 wánnòng 동 가지고 놀다, 장난치다 / 희롱하다, 놀리다
- 弄丢 nòng diū 분실하다, 잃어버리다
- 弄坏 nòng huài 망가뜨리다

7획 弄 弄 弄 弄 弄 弄 弄

弄

0207

暖

nuǎn

暖 따뜻할 난, 부드러울 훤

형 따뜻하다, 온화하다
동 따뜻하게 하다, 데우다

- 暖和 nuǎnhuo 형 따뜻하다 동 따뜻하게 하다
- 温暖 wēnnuǎn 형 따뜻하다, 따스하다 동 따뜻하게 하다
- 暖气 nuǎnqì 명 증기 난방 장치

13획 暖 暖 暖 暖 暖 暖 暖 暖 暖 暖 暖 暖 暖

暖

0208

排

pái

排 밀칠 배, 풀무 배

동 차례로 놓다, 배열하다
명 (배열한) 줄, 열

- 安排 ānpái 동 안배하다, 배치하다
- 排列 páiliè 동 배열하다, 정렬하다
- 后排 hòu pái 뒷줄

11획 排 排 排 排 排 排 排 排 排 排 排

排

0209

牌
pái

牌 패 패

명 간판, 상표

- 牌子 páizi 명 상표, 브랜드
- 名牌 míngpái 명 유명 상표, 유명 브랜드
- 品牌 pǐnpái 명 상표, 브랜드

12획 牌 牌 牌 牌 牌 牌 牌 牌 牌 牌 牌 牌

牌

0210

判
pàn

判 판단할 판

동 판단하다, 분별하다 / 판결하다, 선고하다

- 判别 pànbié 동 판별하다
- 谈判 tánpàn 동 담판하다, 교섭하다, 협상하다

7획 判 判 判 判 判 判 判

判

0211

陪
péi

陪 모실 배

동 모시다, 동반하다 / 곁에서 도와주다, 시중들다

- 陪伴 péibàn 동 동반하다, 배동하다
- 陪读 péidú 동 아이의 공부를 봐주다

10획 陪 陪 陪 陪 陪 陪 陪 陪 陪 陪

陪

0212

批
pī

批 비평할 비, 거스를 별

동 비평하다, 비판하다

- 批评 pīpíng 명 동 비평(하다), 비판(하다)
- 批判 pīpàn 동 비판하다

7획 批 批 批 批 批 批 批

批

0213

啤
pí

啤 맥주 비

명 맥주

• 扎啤 zhāpí 명 생맥주

11획 啤

啤

0214

篇
piān

篇 책 편

명 완결한 문장 / (장·절·편 등으로 나눈 문장에서의) 편
양 편 [일정한 형식을 갖춘 문장을 세는 단위]

• 短篇 duǎnpiān 명 단편
• 一篇 yì piān 한 편

15획 篇

篇

0215

骗
piàn

騙 속일 편, 말 탈 편

동 속이다, 기만하다

• 骗子 piànzi 명 사기꾼
• 欺骗 qīpiàn 동 기만하다, 속이다

12획 骗

骗

0216

聘
pìn

聘 부를 빙

동 초빙하다

• 聘用 pìnyòng 동 초빙하여 등용하다
• 招聘 zhāopìn 동 초빙하다, 모집하다
• 应聘 yìngpìn 동 초빙에 응하다

13획 聘

聘

0217

评
píng

評 평할 평

명 동 논평(하다), 비평(하다) / 판정(하다), 심사(하다)

- 评论 pínglùn 명 동 평론(하다), 논평(하다)
- 好评 hǎopíng 명 좋은 평판, 호평
- 评分 píngfēn 동 평점을 매기다 명 평점, 점수

7획 评 评 评 评 评 评 评

评

0218

瓶
píng

瓶 병 병

명 양 병

- 瓶子 píngzi 명 병
- 花瓶 huāpíng 명 화병, 꽃병

10획 瓶 瓶 瓶 瓶 瓶 瓶 瓶 瓶 瓶 瓶

瓶

0219

泼
pō

潑 물 뿌릴 발

동 물을 뿌리다

형 활발하다, 세차다

- 泼水 pō shuǐ 물을 뿌리다
- 活泼 huópō 형 활발하다

8획 泼 泼 泼 泼 泼 泼 泼 泼

泼

0220

破
pò

破 깨뜨릴 파, 무너질 피

동 깨다, 부수다, 타파하다 / 소비하다

- 破碎 pòsuì 동 파쇄하다, 잘게 부서지다
- 打破 dǎpò 동 깨다, 타파하다
- 破产 pòchǎn 동 파산하다

10획 破 破 破 破 破 破 破 破 破 破

破

0221

普
pǔ

普 넓을 보

형 부 보편적(으로)

- 普通 pǔtōng 형 보통이다, 일반적이다
- 普及 pǔjí 동 보급되다

12획

0222

弃
qì

棄 버릴 기

동 버리다, 포기하다

- 放弃 fàngqì 동 버리다, 포기하다
- 弃权 qìquán 동 기권하다, 권리를 포기하다

7획

0223

签
qiān

簽 제비 첨

동 서명하다, 사인하다

- 签名 qiānmíng 동 서명하다
- 签证 qiānzhèng 동 사증하다 명 비자, 사증
- 签约 qiānyuē 동 (조약·계약서에) 서명하다

13획

0224

歉
qiàn

歉 흉년 들 겸

형 미안해하다, 유감이다 / 수확이 좋지 않다

- 抱歉 bàoqiàn 형 죄송합니다
- 歉意 qiànyì 명 유감의 뜻, 유감스러운 마음
- 歉收 qiànshōu 동 흉년이 들다

14획

0225

敲
qiāo

敲 두드릴 고, 두드릴 교

동 두드리다, 치다 / 탐구하다

- 敲门 qiāo mén 문을 두드리다, 노크하다
- 推敲 tuīqiāo 동 퇴고하다, 헤아리다, 곰곰이 생각하다

14획 敲 敲 敲 敲 敲 敲 敲 敲 敲 敲 敲 敲 敲 敲

敲

0226

桥
qiáo

橋 다리 교, 빠를 고

명 다리, 교량

- 桥梁 qiáoliáng 명 교량, 다리
- 天桥 tiānqiáo 명 육교, 구름다리

10획 桥 桥 桥 桥 桥 桥 桥 桥 桥 桥

桥

0227

巧
qiǎo

巧 공교할 교

형 교묘하다, 솜씨가 있다 / 공교롭다

- 巧妙 qiǎomiào 형 (방법·기술 등이) 교묘하다
- 恰巧 qiàqiǎo 부 때마침, 공교롭게도

5획 巧 巧 巧 巧 巧

巧

0228

切
qiē / qiè

切 끊을 절, 온통 체

qiē 동 끊다, 자르다, 썰다
qiè 형 친밀하다 / 절실하다
명 모두, 온통, 전부

- 切断 qiēduàn 동 절단하다, 끊다
- 亲切 qīnqiè 형 친절하다
- 迫切 pòqiè 형 절실하다, 절박하다
- 一切 yíqiè 대 일체, 모든

4획 切 切 切 切

切

0229

亲
qīn

親 친할 친

명 부모, 어버이 / 친족, 친척
형 친하다, 가깝다, 사이 좋다
동 사랑하다
부 친히, 몸소

- 亲戚 qīnqi 명 친척
- 亲热 qīnrè 형 친밀하다, 친절하다
- 亲爱 qīn'ài 형 친애하다, 사랑하다
- 亲手 qīnshǒu 부 손수, 직접

9획 亲 亲 亲 亲 亲 亲 亲 亲 亲

亲

0230

琴
qín

琴 거문고 금

명 풍금 · 피아노 · 바이올린 · 하모니카 등의 악기 통칭

- 琴声 qín shēng 거문고 소리
- 钢琴 gāngqín 명 피아노

12획 琴 琴 琴 琴 琴 琴 琴 琴 琴 琴 琴 琴

琴

0231

穷
qióng

窮 다할 궁, 궁할 궁

형 가난하다, 궁하다

- 穷人 qióngrén 명 가난한 사람
- 贫穷 pínqióng 형 빈궁하다, 가난하다
- 穷困 qióngkùn 형 곤궁하다, 빈곤하다

7획 穷 穷 穷 穷 穷 穷 穷

穷

0232

区
qū

區 구분할 구, 지경 구, 숨길 우

명 구별, 분별 / 지역, 지구
동 나누다, 구분하다, 구별하다

- 地区 dìqū 명 지구, 지역
- 区分 qūfēn 동 구분하다
- 区别 qūbié 동 구별하다 명 구별, 차이

4획 区 区 区 区

区

0233

取
qǔ

取 가질 취

동 가지다, 찾다, 받다 / 얻다, 손에 넣다 / 고르다, 선발하다

- 取钱 qǔ qián (은행에서) 돈을 찾다
- 取得 qǔdé 동 취득하다, 얻다
- 取消 qǔxiāo 동 취소하다, 제거하다
- 录取 lùqǔ 동 (시험으로) 채용하다, 합격시키다, 뽑다

8획 取 取 取 取 取 取 取 取

取

0234

全
quán

全 온전할 전

형 완전하다, 완비하다 / 전체의, 모든

- 完全 wánquán 부 완전히 형 완전하다
- 全面 quánmiàn 명 전면 형 전면적이다

6획 全 全 全 全 全 全

全

0235

泉
quán

泉 샘 천

명 샘(물)

- 泉水 quánshuǐ 명 샘물
- 温泉 wēnquán 명 온천

9획 泉 泉 泉 泉 泉 泉 泉 泉 泉

泉

0236

缺
quē

缺 이지러질 결, 머리띠 규

동 모자라다 / 결석하다

- 缺少 quēshǎo 동 모자라다, 결핍하다
- 缺点 quēdiǎn 명 결점, 단점
- 缺席 quēxí 동 결석하다

10획 缺 缺 缺 缺 缺 缺 缺 缺 缺 缺

缺

0237

却

què

卻 물리칠 각

부 그러나, 도리어
동 ~해 버리다 [다른 동사 뒤에 보어로 쓰여 동작의 완성이나 강조를 나타냄]

- 冷却 lěngquè 명 동 냉각(하다)
- 忘却 wàngquè 동 망각하다, 잊어버리다

7획 却 却 却 却 却 却 却

却

0238

确

què

確 자갈땅 학, 굳을 확

형 진실하다, 확실하다
부 확실히, 틀림없이

- 确定 quèdìng 동 확정하다 형 확정적이다
- 确实 quèshí 형 확실하다, 진실하고 믿음직하다 부 확실히

12획 确 确 确 确 确 确 确 确 确 确 确 确

确

0239

裙

qún

裙 치마 군

명 치마, 스커트

- 裙子 qúnzi 명 치마, 스커트
- 连衣裙 liányīqún 명 원피스
- 围裙 wéiqún 명 앞치마

12획 裙 裙 裙 裙 裙 裙 裙 裙 裙 裙 裙 裙

裙

0240

扰

rǎo

擾 움직일 우, 시끄러울 요

동 교란하다, 어지럽히다 / 폐를 끼치다

- 干扰 gānrǎo 명 동 교란(하다), 방해(하다)
- 打扰 dǎrǎo 동 귀찮게 하다, 방해하다

7획 扰 扰 扰 扰 扰 扰 扰

扰

0241

任
rèn

任 맡길 임, 맞을 임

동 맡다, 담당하다 / 신임하다, 신뢰하다
명 임무, 직무

- 担任 dānrèn 동 맡다, 담당하다
- 信任 xìnrèn 동 신임하다

6획 任 任 任 任 任 任

任

0242

扔
rēng

扔 당길 잉, 부술 잉

동 던지다

- 扔掉 rēng diào 던져 버리다
- 扔出去 rēng chūqù (밖으로) 내던지다

5획 扔 扔 扔 扔 扔

扔

0243

仍
réng

仍 인할 잉

동 (그대로) 따르다, 인습하다
부 아직도, 여전히

- 仍旧 réngjiù 동 옛 것을 따르다 부 여전히
- 仍然 réngrán 부 여전히, 아직도

4획 仍 仍 仍 仍

仍

0244

入
rù

入 들 입

동 들다, 들어오다
명 수입

- 出入 chūrù 동 드나들다, 출입하다
- 入境 rùjìng 동 입국하다
- 收入 shōurù 명 수입, 소득 동 받다, 받아들이다

2획 入 入

入

0245

散

sǎn / sàn

散 흩을 산

sǎn 동 느슨해지다, 흩어지다
sàn 동 흩어지다, 분산하다

- 散漫 sǎnmàn 형 산만하다
- 分散 fēnsàn 동 분산하다
- 扩散 kuòsàn 명 동 확산(하다)

12획 散 散 散 散 散 散 散 散 散 散 散 散

散

0246

森

sēn

森 수풀 삼

명 숲, 수풀
형 어둡고 으스스한 모양 / 엄중한 모양

- 阴森 yīnsēn 형 음산하다, 음침하다
- 森严 sēnyán 형 삼엄하다, 엄중하다

12획 森 森 森 森 森 森 森 森 森 森 森 森

森

0247

沙

shā

沙 모래 사, 봉황 사, 목 쉴 사

명 모래

- 沙漠 shāmò 명 사막
- 沙滩 shātān 명 모래사장, 백사장

7획 沙 沙 沙 沙 沙 沙 沙

沙

0248

伤

shāng

傷 다칠 상

명 상처
동 상하다, 다치다, 해롭다

- 重伤 zhòngshāng 명 중상
- 伤心 shāngxīn 형 상심하다, 슬퍼하다
- 伤害 shānghài 동 상해하다, 손상시키다

6획 伤 伤 伤 伤 伤 伤

伤

0249

稍

shāo

稍 점점 초, 끝 초, 구실 소

부 약간, 조금 / 잠시, 잠깐

- 稍微 shāowēi 부 약간, 조금
- 稍等 shāo děng 잠깐 기다리다
- 稍后 shāohòu 부 잠시 뒤

12획 稍 稍 稍 稍 稍 稍 稍 稍 稍 稍 稍 稍

稍

0250

勺

sháo

勺 구기 작

명 국자, 주걱

- 勺子 sháozi 명 (좀 큰) 국자
- 汤勺 tāngsháo 명 국자

3획 勺 勺 勺

勺

0251

折

shé / zhé

摺 꺾을 절, 천천히 할 제

shé 동 끊어지다, 꺾어지다
zhé 동 꺾다 / 구부리다 / 깎다, 할인하다

- 打折 dǎ shé 꺾(이)다, 끊(어지)다
- 骨折 gǔzhé 동 골절되다
- 曲折 qūzhé 형 굽다, 구불구불하다
- 打折 dǎzhé 동 할인하다

7획 折 折 折 折 折 折 折

折

0252

社

shè

社 모일 사, 토지신 사

명 조직체, 단체, 조합

- 社团 shètuán 명 (노동조합·학생회 등의) 결사 단체, 동아리
- 社交 shèjiāo 명 사교

7획 社 社 社 社 社 社 社

社

0253

申
shēn

申 거듭 신, 아홉째 지지 신

동 설명하다, 진술하다

- 申请 shēnqǐng 명 신청서 동 신청하다
- 申办 shēnbàn 동 신청하여 경영하다

5획 申 申 申 申 申

0254

深
shēn

深 깊을 심

형 깊다 / 심오하다 / (감정이) 두텁다
명 깊이, 심도

- 深刻 shēnkè 형 (인상·느낌이) 깊다
- 深奥 shēn'ào 형 (학문·이론이) 심오하다
- 深厚 shēnhòu 형 (감정이) 깊고 두텁다

11획 深 深 深 深 深 深 深 深 深 深 深

0255

甚
shèn

甚 심할 심

동 더하다, 능가하다
형 지나치다, 심하다

- 甚至 shènzhì 부 심지어, ~조차도 접 심지어
- 不甚 búshèn 형 그다지 ~하지 않다 / 심하지 않다

9획 甚 甚 甚 甚 甚 甚 甚 甚 甚

0256

省
shěng

省 살필 성, 덜 생

동 아끼다, 절약하다 / 빼다, 생략하다

- 节省 jiéshěng 동 아끼다, 절약하다
- 省钱 shěngqián 동 돈을 절약하다 형 돈이 절약되다
- 省略 shěnglüè 동 생략하다, 줄이다

9획 省 省 省 省 省 省 省 省 省

0257

剩

shèng

剩 남을 잉

동 남다
명 벌이, 이익, 나머지

- 剩下 shèng xia 남다, 남기다
- 剩余 shèngyú 동 남다 명 잉여, 나머지
- 剩女 shèngnǚ 명 노처녀

12획 剩 剩 剩 剩 剩 剩 剩 剩 剩 剩 剩 剩

剩

0258

失

shī

失 잃을 실, 놓을 일

동 잃다, 놓치다 / 실수하다, 잘못하다

- 失去 shīqù 동 잃다, 잃어버리다
- 失业 shīyè 동 직업을 잃다, 실업하다
- 失误 shīwù 동 실수하다, 실책을 범하다

5획 失 失 失 失 失

失

0259

使

shǐ

使 하여금 사, 부릴 사, 보낼 시

동 쓰다, 사용하다 / ~에게 ~하게 하다

- 使用 shǐyòng 동 사용하다, 쓰다

8획 使 使 使 使 使 使 使 使

使

0260

士

shì

士 선비 사

명 병사, 군인 / 전문적인 기술·자격을 갖춘 사람

- 士兵 shìbīng 명 사병, 병사
- 士气 shìqì 명 사기
- 护士 hùshi 명 간호사

3획 士 士 士

士

0261

示
shì

示 보일 시, 땅귀신 기, 둘 치

동 나타내다, 보이다, 가리키다, 알리다

- 表示 biǎoshì 동 표시하다, (언행으로 사상·감정·태도를) 나타내다
- 出示 chūshì 동 제시하다, 내보이다
- 示例 shìlì 동 예를 들어 보이다 명 예시

5획 示 示 示 示 示

0262

式
shì

式 법 식

명 식, 양식 / 격식, 형식

- 新式 xīnshì 형 신식의, 신형의
- 方式 fāngshì 명 방식, 방법
- 形式 xíngshì 명 형식, 형태
- 正式 zhèngshì 형 정식의, 공식의

6획 式 式 式 式 式 式

0263

适
shì

適 빠를 괄, 맞을 적

형 적합하다, 알맞다 / 편하다, 편안하다

- 适合 shìhé 동 적합하다, 알맞다
- 舒适 shūshì 형 편하다, 쾌적하다

9획 适 适 适 适 适 适 适 适 适

0264

释
shì

釋 풀 석, 기뻐할 역

동 해석하다, 설명하다 / 놓다 / 석방하다

- 注释 zhùshì 명 주해, 주석
- 释手 shìshǒu 동 손을 놓다, 손을 떼다
- 释放 shìfàng 동 석방하다

12획 释 释 释 释 释 释 释 释 释 释 释 释

0265

收

shōu

收 거둘 수

동 거두다, 간수하다 / 되찾다, 회수하다

명 동 수확(하다)

- 收拾 shōushi 동 거두다, 치우다, 정리하다
- 回收 huíshōu 동 회수하다
- 丰收 fēngshōu 동 풍작을 이루다

6획 收 收 收 收 收 收

收

0266

首

shǒu

首 머리 수

명 머리 / 우두머리, 지도자

형 최초의, 처음의

양 (시(诗)·사(词)·노래 등의) 수

- 首领 shǒulǐng 명 수령, 우두머리
- 首付 shǒufù 명 계약금
- 一首诗 yì shǒu shī 시 한 수

9획 首 首 首 首 首 首 首 首 首

首

0267

受

shòu

受 받을 수

동 받다, 받아들이다 / (고통·손해 등을) 입다 / 참다, 견디다

- 受到 shòu dào 받다
- 受伤 shòushāng 동 손상을 받다, 부상을 당하다
- 难受 nánshòu 형 (육체적·정신적으로) 괴롭다, 참을 수 없다

8획 受 受 受 受 受 受 受 受

受

0268

授

shòu

授 줄 수

동 주다, 수여하다 / 가르치다, 전수하다

- 授受 shòushòu 동 수수하다, 주고받다
- 传授 chuánshòu 동 전수하다, 가르치다
- 授课 shòukè 동 강의를 하다

11획 授 授 授 授 授 授 授 授 授 授 授

授

0269

售
shòu

售 팔 수

동 팔다

- 销售 xiāoshòu 동 팔다, 판매하다
- 售货员 shòuhuòyuán 명 점원, 판매원
- 售票处 shòupiàochù 명 매표소

11획 售 售 售 售 售 售 售 售 售 售 售

售

0270

输
shū

輸 보낼 수

동 나르다, 운송하다 / (지식·사상 등을) 주입하다 / (승부에서) 지다, 패하다

- 运输 yùnshū 동 운송하다, 수송하다
- 输出 shūchū 동 내보내다 / 수출하다
- 输入 shūrù 동 들여보내다 / 수입하다
- 输赢 shūyíng 명 승부, 승패

13획 输 输 输 输 输 输 输 输 输 输 输 输 输

输

0271

暑
shǔ

暑 더울 서

형 덥다
명 더위

- 暑假 shǔjià 명 여름 방학, 여름휴가
- 避暑 bìshǔ 동 피서하다, 더위를 피하다

12획 暑 暑 暑 暑 暑 暑 暑 暑 暑 暑 暑 暑

暑

0272

术
shù

術 재주 술, 차조 출

명 기술, 기예 / 방법, 수단

- 艺术 yìshù 명 예술
- 美术 měishù 명 미술, 그림
- 战术 zhànshù 명 전술

5획 术 术 术 术 术

术

0273

帅
shuài

帥 장수 수, 거느릴 솔

형 멋지다, 스마트하다
명 군대의 최고 지휘관
동 통솔하다, 인솔하다

- 帅哥 shuàigē 명 잘생긴 남자를 부르거나 이르는 말
- 帅气 shuàiqi 형 영준하다, 보기 좋다, 멋지다
- 将帅 jiàngshuài 명 장수, 사령관
- 统帅 tǒngshuài 명 통솔자, 원수

5획 帅 帅 帅 帅 帅

帅

0274

顺
shùn

順 순할 순

동 같은 방향으로 향하다 / 순서대로 하다 / 순종하다
전 겸해서, ~히는 김에

- 顺流 shùnliú 동 흐름을 따르다
- 顺序 shùnxù 명 순서, 차례 부 순서대로
- 孝顺 xiàoshùn 형 효성스럽다 동 효도하다
- 顺手 shùnshǒu 부 겸사겸사, ~ 하는 김에 형 순조롭다 / 쓰기 좋다, 편리하다

9획 顺 顺 顺 顺 顺 顺 顺 顺 顺

顺

0275

死
sǐ

死 죽을 사

동 죽다 / (생각·바람 등을) 그만하다
형 ~해 죽겠다

- 死亡 sǐwáng 명 동 사망(하다)
- 死心 sǐxīn 동 단념하다, 체념하다

6획 死 死 死 死 死 死

死

0276

松
sōng

鬆 소나무 송, 더벅머리 송

명 소나무
형 느슨하다
동 늦추다, 느슨하게 하다

- 松树 sōngshù 명 소나무
- 放松 fàngsōng 동 늦추다, 느슨하게 하다

8획 松 松 松 松 松 松 松 松

松

0277

速

sù

速 빠를 속

명 속도
형 빠르다, 신속하다

- 速度 sùdù 명 속도
- 快速 kuàisù 형 쾌속의, 속도가 빠른

10획 速 速 速 速 速 速 速 速 速 速

速

0278

酸

suān

酸 실 산

형 (맛·냄새 등이) 시다, 시큼하다 / 몸이 시큰시큰하다

- 酸奶 suānnǎi 명 플레인 요구르트
- 酸甜苦辣 suāntián kǔlà 성 신맛·단맛·쓴맛·매운맛, 각양각색의 맛, 세상의 온갖 고초
- 酸痛 suāntòng 형 시큰시큰 쑤시고 아프다

14획 酸 酸 酸 酸 酸 酸 酸 酸 酸 酸 酸 酸 酸 酸

酸

0279

随

suí

隨 따를 수, 게으를 타

동 (~의 뒤를) 따르다 / 맡기다, 마음대로 하게 하다 / ~에 딸려 있다

- 跟随 gēnsuí 동 뒤따르다, 동행하다
- 随着 suízhe 전 ~에 따르다
- 随便 suíbiàn 동 마음대로 하다
- 随身 suíshēn 형 몸에 지니다, 휴대하다

11획 随 随 随 随 随 随 随 随 随 随 随

随

0280

孙

sūn

孫 손자 손

명 손자, (손자 이후의) 후손

- 孙子 sūnzi 명 손자

6획 孙 孙 孙 孙 孙 孙

孙

0281

台
tái

臺 별 태, 태풍 태, 나 이, 대 대

명 누대, 무대, 받침대 / 방송국
양 대, 편, 회 [기계나 공연의 횟수를 세는 단위]

- 台阶 táijiē 명 섬돌, 계단
- 讲台 jiǎngtái 명 교단, 강단
- 电视台 diànshìtái 명 텔레비전 방송국
- 一台电视 yì tái diànshì 텔레비전 한 대

5획 台 台 台 台 台

台

0282

抬
tái

擡 매질할 태, 들 대

동 들다, 들어올리다 / (가격을) 올리다, 인상하다

- 抬头 táitóu 동 머리를 들다
- 抬高 táigāo 동 높이다, 높이 끌어올리다
- 抬价 táijià 동 값을 올리다

8획 抬 抬 抬 抬 抬 抬 抬 抬

抬

0283

态
tài

態 모습 태

명 모양, 상태 / 태도, 모습

- 状态 zhuàngtài 명 상태
- 心态 xīntài 명 심리 상태
- 态度 tàidu 명 태도

8획 态 态 态 态 态 态 态 态

态

0284

谈
tán

談 말씀 담

동 말하다, 토론하다
명 언론, 담화, 이야기

- 谈话 tánhuà 명 (담화의 형식으로 발표하는) 주장, 견해
  동 (두 사람 이상이 함께) 담화하다
- 商谈 shāngtán 동 상담하다, 의논하다

10획 谈 谈 谈 谈 谈 谈 谈 谈 谈 谈

谈

0285

汤

tāng

湯 끓일 탕

명 탕, 국

• 汤匙 tāngchí 명 국 숟가락
• 参鸡汤 shēnjītāng 삼계탕

6획 汤 汤 汤 汤 汤 汤

汤

0286

糖

táng

糖 엿 당, 엿 탕

명 설탕의 총칭 / 사탕, 캔디 등 당류

• 糖果 tángguǒ 명 사탕, 과자
• 口香糖 kǒuxiāngtáng 명 껌

16획 糖 糖 糖 糖 糖 糖 糖 糖 糖 糖 糖 糖 糖 糖 糖 糖

糖

0287

躺

tǎng

躺 누울 당

동 (옆으로) 드러눕다

• 躺下 tǎng xià 눕다, 드러눕다
• 平躺 píng tǎng 반듯이 눕다

15획 躺 躺 躺 躺 躺 躺 躺 躺 躺 躺 躺 躺 躺 躺 躺

躺

0288

趟

tàng

趟 뛸 쟁, 뛸 창, 물건널 당

양 차례, 번 [사람·차의 왕래하는 횟수를 세는 단위]

• 一趟 yí tàng 한 번 [오가는 횟수를 나타냄]

15획 趟 趟 趟 趟 趟 趟 趟 趟 趟 趟 趟 趟 趟 趟 趟

趟

0289

讨
tǎo

討 칠 토

동 토론하다, 연구하다 / 비난하다, 책망하다

- 检讨 jiǎntǎo 동 검토하다 / 깊이 반성하다
- 讨厌 tǎoyàn 형 싫다 동 싫어하다

5획 讨 讨 讨 讨 讨

讨

0290

填
tián

填 메울 전, 진정할 진

동 채우다, 메우다 / 기입하다

- 填空 tiánkòng 동 빈 자리를 메우다 / 빈칸을 채우다
- 填满 tiánmǎn 동 가득 채우다
- 填写 tiánxiě 동 (일정한 양식에) 써넣다, 기입하다

13획 填 填 填 填 填 填 填 填 填 填 填 填 填

填

0291

厅
tīng

廳 관청 청

명 홀, 큰방, 청 [부서 단위]

- 餐厅 cāntīng 명 식당, 레스토랑
- 展厅 zhǎntīng 명 전람 홀, 전시 홀

4획 厅 厅 厅 厅

厅

0292

停
tíng

停 머무를 정

동 멈추다, 정지하다, 서다 / 머물다, 묵다

- 停止 tíngzhǐ 동 정지하다, 중지하다, 멈추다
- 停留 tíngliú 동 (잠시) 머물다, 묵다

11획 停 停 停 停 停 停 停 停 停 停 停

停

0293

挺
tǐng

挺 빼어날 정

부 매우, 아주, 대단히
형 꼿꼿하다, 굳고 곧다
동 곧게 펴다

- 挺好 tǐng hǎo 매우 좋다
- 挺直 tǐngzhí 형 곧다 동 똑바로 하다, 바르게 펴다
- 挺胸 tǐng xiōng 가슴을 펴다, 가슴을 쑥 내밀다

9획 挺 挺 挺 挺 挺 挺 挺 挺 挺

挺

0294

通
tōng

通 통할 통

동 통하다, 뚫리다 / 상통하다 / 교류하다
형 일반적인, 보통의

- 通过 tōngguò 동 통과하다 전 ~을 통하여
- 通用 tōngyòng 동 통용하다
- 沟通 gōutōng 동 통하다, 교류하다, 소통하다
- 通常 tōngcháng 명 통상, 일반, 보통

10획 通 通 通 通 通 通 通 通 通 通

通

0295

童
tóng

童 아이 동, 땅 이름 종

명 어린이, 아이, 아동

- 童年 tóngnián 명 어린 시절, 어릴 적
- 童话 tónghuà 명 동화

12획 童 童 童 童 童 童 童 童 童 童 童 童

童

0296

桶
tǒng

桶 통 통, 되 용

명 (물건을 담는) 통
양 통 [통으로 된 물건을 세는 단위]

- 水桶 shuǐtǒng 명 물통
- 垃圾桶 lājītǒng 명 쓰레기통

11획 桶 桶 桶 桶 桶 桶 桶 桶 桶 桶 桶

桶

0297

推

tuī

推 밀 추, 밀 퇴

동 밀다 / (기계로 밀어) 깎다 / 연기하다, 미루다

- 推门 tuī mén 문을 밀다
- 推头 tuītóu 동 머리를 밀다, 이발하다
- 推迟 tuīchí 동 뒤로 미루다, 늦추다

11획 推 推 推 推 推 推 推 推 推 推 推

推

0298

脱

tuō

脱 벗을 탈, 기뻐할 태

동 벗다, 제거하다 / 이탈하다, 벗어나다

- 脱掉 tuō diào 벗어 버리다
- 脱离 tuōlí 동 이탈하다, 떠나다
- 解脱 jiětuō 동 벗어나다, (죄·책임을) 벗다

11획 脱 脱 脱 脱 脱 脱 脱 脱 脱 脱 脱

脱

0299

碗

wǎn

碗 사발 완

명 공기, 사발, 그릇
양 그릇을 세는 단위

- 饭碗 fànwǎn 명 밥그릇 / 직업, 밥벌이, 생계 수단
- 铁饭碗 tiěfànwǎn 명 철밥통, 평생 직업

13획 碗 碗 碗 碗 碗 碗 碗 碗 碗 碗 碗 碗 碗

碗

0300

危

wēi

危 위태할 위

명 위험
형 위험하다, 위태롭다
동 위태롭게 하다, 해치다

- 危机 wēijī 명 위험, 위기
- 危害 wēihài 명 위해 동 해를 끼치다, 해치다

6획 危 危 危 危 危 危

危

0301

微
wēi

微 작을 미

형 작다, 적다 / 미약하다, 경미하다

- 细微 xìwēi 형 미세하다, 자잘하다
- 微火 wēihuǒ 명 약한 불, 잿불

13획

0302

围
wéi

圍 에워쌀 위, 나라 국

동 둘러싸다, 에워싸다
명 둘레, 주위, 사방

- 包围 bāowéi 동 둘러싸다, 포위하다
- 四围 sìwéi 명 주위, 주변
- 范围 fànwéi 명 범위

7획

0303

卫
wèi

衛 지킬 위

동 지키다, 보위하다

- 自卫 zìwèi 동 스스로 지키다
- 防卫 fángwèi 명 동 방위(하다)

3획

0304

味
wèi

味 맛 미, 광택 매

명 맛 / 냄새

- 味道 wèidào 명 맛 / 느낌, 기분 / 흥미, 재미
- 口味 kǒuwèi 명 맛 / 취향, 기호
- 气味 qìwèi 명 냄새

8획

0305

温
wēn

温 따뜻할 온

형 따뜻하다 / 온화하다
동 데우다
명 온도

- 温水 wēnshuǐ 명 온수
- 温柔 wēnróu 형 온유하다
- 气温 qìwēn 명 기온

12획

温

0306

无
wú

無 없을 무

동 없다
접 ~을 막론하고

- 无所谓 wúsuǒwèi 동 상관없다
- 无数 wúshù 형 무수하다, 매우 많다
- 无论 wúlùn 접 ~에도 불구하고

4획

无

0307

误
wù

誤 그르칠 오

동 틀리다, 잘못되다 / 늦어지다, 지체하다
명 실수, 잘못

- 误会 wùhuì 명 동 오해(하다)
- 耽误 dānwu 동 일을 그르치다, (시간·기회를 놓쳐) 지체하다

9획

误

0308

吸
xī

吸 마실 흡

동 들이마시다 / 흡수하다 / 끌어당기다

- 吸烟 xī yān 담배를 피우다
- 吸收 xīshōu 동 흡수하다
- 吸引 xīyǐn 동 끌어당기다, 매료시키다

6획

吸

0309

惜

xī

惜 아낄 석

동 소중히 여기다, 아끼다 / 유감스럽게 여기다

- 爱惜 àixī 동 소중하게 여기다
- 珍惜 zhēnxī 동 진귀하게 여겨 아끼다, 소중히 여기다
- 可惜 kěxī 형 아쉽다 동 아쉬워하다 부 아깝게도

11획 惜 惜 惜 惜 惜 惜 惜 惜 惜 惜 惜

惜

0310

细

xì

細 가늘 세

형 가늘다, 좁다 / 상세하다, 세밀하다 / 사소하다, 미세하다

- 细腰 xìyāo 명 가는 허리
- 细心 xìxīn 형 세심하다, 면밀하다
- 细节 xìjié 명 세부, 사소한 부분

8획 细 细 细 细 细 细 细 细

细

0311

咸

xián

鹹 짤 함, 다 함, 덜 감

형 (맛이) 짜다, 소금기가 있다

- 咸菜 xiáncài 명 짠지, 소금에 절인 야채
- 咸淡 xiándàn 명 간, 짠 정도, 짜고 싱거운 맛

9획 咸 咸 咸 咸 咸 咸 咸 咸 咸

咸

0312

险

xiǎn

險 험할 험, 괴로워할 삼

명 형 위험(하다)

- 危险 wēixiǎn 명 형 위험(하다)

9획 险 险 险 险 险 险 险 险 险

险

0313

线
xiàn

綫 줄 선

명 실, 선, 줄 / 교통 노선
양 줄, 올 [줄기·가닥 등을 세는 단위]

- 电线 diànxiàn 명 전선
- 路线 lùxiàn 명 (철도 등의) 노선 / 노정, 여정

8획 线 线 线 线 线 线 线 线

线

0314

详
xiáng

詳 자세할 상, 거짓 양

형 상세하다, 세밀하다

- 详细 xiángxì 형 상세하다, 자세하다
- 详情 xiángqíng 명 상세한 상황

8획 详 详 详 详 详 详 详 详

详

0315

象
xiàng

象 코끼리 상

명 코끼리 / 형상, 형태, 모양

- 大象 dàxiàng 명 코끼리
- 形象 xíngxiàng 명 형상 형 구체적이다
- 印象 yìnxiàng 명 인상
- 象征 xiàngzhēng 명 동 상징(하다)

11획 象 象 象 象 象 象 象 象 象 象 象

象

0316

消
xiāo

消 사라질 소

동 사라지다, 소실되다
명 소식, 편지

- 消失 xiāoshī 동 사라지다, 소실하다
- 消息 xiāoxi 명 정보, 뉴스, 소식

10획 消 消 消 消 消 消 消 消 消 消

消

0317

效

xiào

效 본받을 효

명 효과, 성과, 효능

- 效果 xiàoguǒ 명 효과
- 效率 xiàolǜ 명 (기계 등의) 효율, (작업 등의) 능률

10획 效 效 效 效 效 效 效 效 效 效

效

0318

辛

xīn

辛 매울 신

형 맵다 / 괴롭다, 고생스럽다

- 辛辣 xīnlà 형 (맛이) 맵다 / (말·문장 등이) 신랄하다
- 辛苦 xīnkǔ 형 고생스럽다, 수고롭다 동 고생하다

7획 辛 辛 辛 辛 辛 辛 辛

辛

0319

醒

xǐng

醒 깰 성

동 (잠·취기·마취 등에서) 깨다 / 깨닫다, 각성하다

- 醒来 xǐng lái 잠이 깨다
- 醒悟 xǐngwù 동 깨닫다, 각성하다
- 提醒 tíxǐng 동 일깨우다, 깨우치다

16획 醒 醒 醒 醒 醒 醒 醒 醒 醒 醒 醒 醒 醒 醒 醒 醒

醒

0320

幸

xìng

幸 다행 행

명 행복, 행운
부 다행히, 요행으로

- 幸福 xìngfú 명 형 행복(하다)
- 幸运 xìngyùn 명 행운 형 운이 좋다
- 幸亏 xìngkuī 부 다행히, 운 좋게

8획 幸 幸 幸 幸 幸 幸 幸 幸

幸

0321

性
xìng

性 성품 성

명 성격, 본성 / (물질의) 성질, 성능 / 성별

- 个性 gèxìng 명 개성
- 性能 xìngnéng 명 성능
- 男性 nánxìng 명 남성, 남자

8획 性 性 性 性 性 性 性 性

性

0322

修
xiū

修 닦을 수

동 수리하다 / 장식하다

- 修理 xiūlǐ 동 수리하다, 고치다
- 保修 bǎoxiū 동 수리를 보증하다, 애프터서비스
- 装修 zhuāngxiū 동 내장 공사를 하다, 인테리어 하다

9획 修 修 修 修 修 修 修 修 修

修

0323

羞
xiū

羞 부끄러울 수

형 수줍다, 부끄럽다
동 부끄럽게 하다

- 害羞 hàixiū 형 부끄러워하다, 수줍어하다
- 羞耻 xiūchǐ 형 수치스럽다, 치욕스럽다

10획 羞 羞 羞 羞 羞 羞 羞 羞 羞 羞

羞

0324

秀
xiù

秀 빼어날 수

형 우수하다 / 아름답다
명 수재

- 优秀 yōuxiù 형 (품행·학문·성적 등이) 우수하다
- 秀丽 xiùlì 형 수려하다, 아름답다
- 秀才 xiùcai 명 수재, 재능이 우수한 자

7획 秀 秀 秀 秀 秀 秀 秀

秀

0325

许
xǔ

許 허락할 허, 이영차 호

동 허가하다, 허락하다
부 아마도, 혹시

• 许可 xǔkě 명 동 허가(하다), 승낙(하다)
• 也许 yěxǔ 부 어쩌면, 아마도

6획 许 许 许 许 许 许

许

0326

压
yā

壓 누를 압, 싫어할 염

동 압력을 가하다, 누르다
명 압력

• 压力 yālì 명 압력, 스트레스
• 血压 xuèyā 명 혈압

6획 压 压 压 压 压 压

压

0327

亚
yà

亞 버금 아, 누를 압

명 '亚洲(아시아 주)'의 준말

• 亚洲 Yàzhōu 아시아 주

6획 亚 亚 亚 亚 亚 亚

亚

0328

呀
yā / ya

呀 입 딱 벌릴 아

yā 감 아! 야! [놀람을 나타냄]
ya 조 어세를 돕기 위해 문장의 끝에 사용하는 어기조사

• 哎呀 āiyā 감 원망·불만·아쉬움·놀라움 등을 나타냄
• 快来呀! Kuài lái ya! 빨리 와!

7획 呀 呀 呀 呀 呀 呀 呀

呀

0329

烟

yān

煙 연기 연, 제사 지낼 인

명 연기 / 담배

- 烟气 yānqì 명 안개, 연기 / 담배 냄새
- 烟草 yāncǎo 명 연초, 담배

10획 烟 烟 烟 烟 烟 烟 烟 烟 烟 烟

0330

严

yán

嚴 엄할 엄

형 엄하다, 엄격하다 / 심하다, 모질다

- 严格 yángé 형 엄하다 동 엄격하게 하다
- 严肃 yánsù 형 (표정·분위기가) 엄숙하다, 근엄하다
  동 엄숙하게 하다, 허술하지 않게 하다
- 严重 yánzhòng 형 중대하다, 심각하다, 모질다

7획 严 严 严 严 严 严 严

0331

言

yán

言 말씀 언, 화기애애할 은

명 말, 언어, 이야기
동 말하다, 이야기하다

- 发言 fāyán 명 동 발언(하다)
- 言论 yánlùn 명 언론
- 谣言 yáoyán 명 유언비어, 헛소문

7획 言 言 言 言 言 言 言

0332

研

yán

研 갈 연, 벼루 연, 관 이름 형

동 연구하다, 탐구하다

- 研究生 yánjiūshēng 명 연구생, 대학원생
- 研修 yánxiū 동 연수하다

9획 研 研 研 研 研 研 研 研 研

0333

盐
yán

鹽 소금 염

명 소금

- 咸盐 xiányán 명 소금, 식염
- 盐水 yánshuǐ 명 소금물

10획 盐 盐 盐 盐 盐 盐 盐 盐 盐 盐

0334

演
yǎn

演 펼 연

동 공연하다, 연기하다 / 발전하다, 진화하다 / 상세히 설명하다

- 演出 yǎnchū 명 동 공연(하다), 상연(하다)
- 演变 yǎnbiàn 동 변화 발전하다, 변천하다
- 演讲 yǎnjiǎng 명 동 강연(하다), 연설(하다)

14획 演 演 演 演 演 演 演 演 演 演 演 演 演 演

0335

厌
yàn

厭 싫어할 염, 누를 엽, 빠질 암

동 싫어하다, 미워하다 / 물리다, 싫증나다

- 厌烦 yànfán 동 귀찮아 하다, 싫어하다
- 吃厌 chī yàn 먹어서 물리다

6획 厌 厌 厌 厌 厌 厌

0336

验
yàn

驗 시험 험

동 검증하다 / 조사하다, 검사하다

- 经验 jīngyàn 명 동 경험(하다)
- 体验 tǐyàn 동 체험하다
- 测验 cèyàn 동 시험하다, 테스트하다

10획 验 验 验 验 验 验 验 验 验 验

0337

扬
yáng

揚 날릴 양

동 높이 들다, 휘날리다 / 칭찬하다

- 扬手 yáng shǒu 손을 흔들다
- 表扬 biǎoyáng 동 표창하다

6획 扬 扬 扬 扬 扬 扬

扬

0338

洋
yáng

洋 큰 바다 양

명 큰 바다
명 형 외국(의)

- 太平洋 Tàipíngyáng 태평양
- 出洋 chūyáng 동 외국으로 가다

9획 洋 洋 洋 洋 洋 洋 洋 洋 洋

洋

0339

养
yǎng

養 기를 양

동 기르다, 양육하다, 사육하다 / 양성하다 / 요양하다
명 영양, 자양

- 养活 yǎnghuo 동 기르다, 부양하다, 사육하다
- 培养 péiyǎng 동 배양하다, 양성하다
- 养老 yǎnglǎo 동 여생을 보내다, 연로하여 쉬다
- 营养 yíngyǎng 명 영양, 양분 동 영양을 섭취하다

9획 养 养 养 养 养 养 养 养 养

养

0340

叶
yè

葉 잎 엽, 맞을 협

명 (초목의) 잎

- 叶子 yèzi 명 잎
- 树叶 shùyè 명 나뭇잎
- 枫叶 fēngyè 명 단풍잎

5획 叶 叶 叶 叶 叶

叶

0341

页

yè

頁 머리 혈, 책 면 엽

명 (책·장부 등의) 쪽, 페이지

- 页码(儿) yèmǎ(r) 명 쪽수, 페이지 수
- 主页 zhǔyè 명 메인 홈페이지
- 网页 wǎngyè 명 인터넷 홈페이지

6획 页 页 页 页 页 页

页

0342

姨

yí

姨 이모 이

명 이모

- 姨妈 yímā 명 이모
- 姨夫 yífu 명 이모부

9획 姨 姨 姨 姨 姨 姨 姨 姨 姨

姨

0343

疑

yí

疑 의심할 의, 안정할 응

동 의심하다, 믿지 않다

- 疑心 yíxīn 명 동 의심(하다)
- 疑问 yíwèn 명 의문

14획 疑 疑 疑 疑 疑 疑 疑 疑 疑 疑 疑 疑 疑 疑

疑

0344

艺

yì

藝 재주 예, 심을 예

명 기술, 기예 / 예술, 예능

- 手艺 shǒuyì 명 솜씨, 기술
- 艺人 yìrén 명 연예인

4획 艺 艺 艺 艺

艺

0345

忆
yì

憶 생각할 억

동 기억하다 / 회상하다

- 记忆 jìyì 명 동 기억(하다)
- 回忆 huíyì 명 동 회상(하다), 추억(하다)
- 追忆 zhuīyì 동 추억하다

4획 忆 忆 忆 忆

忆

0346

引
yǐn

引 끌 인

동 끌다, 잡아당기다 / 야기하다, 초래하다 / 인용하다

- 引弓 yǐn gōng 활을 당기다
- 引起 yǐnqǐ 동 (주의를) 끌다 / 야기하다 / (사건을) 일으키다
- 引用 yǐnyòng 동 인용하다

4획 引 引 引 引

引

0347

印
yìn

印 도장 인

명 도장, 인장 / 흔적, 자국
동 찍다, 인쇄하다

- 打印 dǎyìn 동 도장을 찍다, 날인하다 / 타자 쳐서 인쇄하다
- 脚印(儿) jiǎoyìn(r) 명 발자국
- 复印 fùyìn 동 복사하다

5획 印 印 印 印 印

印

0348

赢
yíng

贏 남을 영

동 이기다
명 동 이익(을 보다)

- 赢得 yíngdé 동 이기다, 승리를 얻다
- 共赢 gòngyíng 동 함께 이익을 얻다

17획 赢 赢 赢 赢 赢 赢 赢 赢 赢 赢 赢 赢 赢 赢 赢 赢 赢

赢

0349

永

yǒng

永 길 영, 읊을 영

형 길다, 오래다
부 영원히, 언제까지나

• 永久 yǒngjiǔ 형 영구한, 영원한

5획 永 永 永 永 永

永

0350

勇

yǒng

勇 날랠 용

명 형 용감(하다), 용기(가 있다)

• 勇气 yǒngqì 명 용기
• 英勇 yīngyǒng 형 영특하고 용맹하다

9획 勇 勇 勇 勇 勇 勇 勇 勇 勇

勇

0351

优

yōu

優 넉넉할 우, 뛰어날 우

형 뛰어나다, 훌륭하다
동 우대하다

• 优点 yōudiǎn 명 장점, 우수한 점
• 优惠 yōuhuì 형 특혜의

6획 优 优 优 优 优 优

优

0352

尤

yóu

尤 더욱 우

부 더욱이, 특히

• 尤其 yóuqí 부 특히, 더욱
• 尤为 yóuwéi 부 더욱이, 특히

4획 尤 尤 尤 尤

尤

0353

由
yóu

由 말미암을 유

명 원인, 이유, 유래
동 복종하다, 따르다

- 理由 lǐyóu 명 이유
- 自由 zìyóu 명 자유 형 자유롭다

5획 由 由 由 由 由

由

0354

油
yóu

油 기름 유

명 기름

- 豆油 dòuyóu 명 콩기름
- 加油 jiāyóu 동 기름을 넣다 / 힘을 내다
- 油腻 yóunì 형 기름지다

8획 油 油 油 油 油 油 油 油

油

0355

愉
yú

愉 즐거울 유, 구차할 투

형 유쾌하다, 즐겁다, 기쁘다

- 愉快 yúkuài 형 기쁘다, 유쾌하다
- 欢愉 huānyú 형 유쾌하고 즐겁다

12획 愉 愉 愉 愉 愉 愉 愉 愉 愉 愉 愉 愉

愉

0356

与
yǔ / yù

與 더불 여, 줄 여

yǔ 전 접 ~와(과)
yù 동 참여하다, 참가하다

- 与众不同 yǔzhòng bùtóng 성 보통 사람과 다르다
- 参与 cānyù 동 참여하다

3획 与 与 与

与

0357

羽

yǔ

羽 깃 우, 늦출 호

명 깃털

- 羽毛 yǔmáo 명 깃털, 새의 깃과 짐승의 털
- 羽毛球 yǔmáoqiú 명 배드민턴
- 羽绒服 yǔróngfú 명 거위털 자켓, 다운 자켓

6획 羽 羽 羽 羽 羽 羽

羽

0358

预

yù

預 맡길 예, 미리 예

부 미리, 사전에
동 참가하다, 참여하다

- 预订 yùdìng 동 예약하다
- 预言 yùyán 명 동 예언(하다)
- 干预 gānyù 동 관여하다, 참견하다

10획 预 预 预 预 预 预 预 预 预 预

预

0359

原

yuán

原 언덕 원, 근원 원

명 형 원래(의), 본래(의)
형 최초의, 시초의
명 평원, 벌판, 들판

- 原来 yuánlái 형 원래의, 본래의 부 알고 보니
- 原始 yuánshǐ 형 최초의, 원시의
- 草原 cǎoyuán 명 초원

10획 原 原 原 原 原 原 原 原 原 原

原

0360

约

yuē

約 맺을 약, 부절 요

동 약속하다
명 약속, 계약, 협정
부 약, 대략

- 约会 yuēhuì 명 동 만날 약속(을 하다)
- 约定 yuēdìng 동 약정하다, 약속하다
- 大约 dàyuē 부 대략, 대강 / 아마, 대개는

6획 约 约 约 约 约 约

约

0361

阅
yuè

閱 볼 열, 셀 열

동 읽다, 보다, 열람하다 / 조사하다, 검열하다

- 阅读 yuèdú 동 읽다, 열람하다
- 阅览 yuèlǎn 동 읽다, 열람하다
- 订阅 dìngyuè 동 (신문·잡지 등을) 예약 구독하다
- 查阅 cháyuè 동 검열하다

10획 阅 阅 阅 阅 阅 阅 阅 阅 阅 阅

阅

0362

云
yún

雲 구름 운, 이를 운

명 구름

- 云彩 yúncai 명 구름
- 乌云 wūyún 명 검은 구름, 먹장구름

4획 云 云 云 云

云

0363

允
yǔn

允 맏 윤, 진실로 윤

동 허가하다, 승낙하다

- 允许 yǔnxǔ 동 윤허하다, 허가하다

4획 允 允 允 允

允

0364

杂
zá

雜 섞일 잡, 늘어질 타

형 잡다하다, 각양각색이다

- 杂志 zázhì 명 잡지
- 杂货 záhuò 명 잡화

6획 杂 杂 杂 杂 杂 杂

杂

0365

咱
zán

咱 나 찰

대 우리(들)

- 咱俩 zán liǎ 우리 두 사람
- 咱家 zán jiā 우리 집

9획 咱

咱

0366

暂
zàn

暫 잠깐 잠

형 (시간이) 짧다
부 잠시, 잠깐

- 短暂 duǎnzàn 형 (시간이) 짧다
- 暂时 zànshí 형 잠깐, 잠시, 일시
- 暂停 zàntíng 동 일시 정지하다, 잠시 중지하다

12획 暂

暂

0367

脏
zāng

臟 오장 장, 몸 뚱뚱할 장

형 더럽다, 불결하다
동 더럽히다

- 脏话 zānghuà 명 추잡한 말, 저속한 말
- 脏乱 zāngluàn 형 너저분하고 더럽다
- 弄脏 nòng zāng 더럽히다

10획 脏

脏

0368

则
zé

則 법칙 칙, 곧 즉

명 규범, 규칙
접 ~하자 ~하다 [두 일이 시간적으로 이어져 진행됨]

- 原则 yuánzé 명 원칙

6획 则

则

0369

责
zé

責 꾸짖을 책, 빚 채

명 책임
동 책임 지우다 / 나무라다

- 责任 zérèn 명 책임
- 责备 zébèi 동 책망하다, 꾸짖다

8획 责 责 责 责 责 责 责 责

责

0370

增
zēng

增 더할 증, 겹칠 층

동 늘다, 증가하다

- 增长 zēngzhǎng 동 늘어나다, 높아지다
- 增进 zēngjìn 동 증진하다, 증진시키다

15획 增 增 增 增 增 增 增 增 增 增 增 增 增 增 增

增

0371

展
zhǎn

展 펼 전

동 펴다, 펼치다, 전개하다
명동 전람(하다), 전시(하다)

- 展开 zhǎnkāi 동 펴다, 펼치다, 전개하다
- 展现 zhǎnxiàn 동 전개하다, (눈앞에) 펼쳐지다
- 发展 fāzhǎn 동 발전하다
- 展览 zhǎnlǎn 동 전람하다, 전시하다

10획 展 展 展 展 展 展 展 展 展 展

展

0372

占
zhàn

占 점령할 점, 점칠 점

동 차지하다, 점령하다

- 占领 zhànlǐng 동 점령하다
- 占用 zhànyòng 동 점용하다, 유용하다 / 사용하다

5획 占 占 占 占 占

占

0373

章

zhāng

章 글 장

명 문장
양 (가곡·시문·문장 등의) 단락

- 文章 wénzhāng 명 문장
- 乐章 yuèzhāng 명 악장

11획 章 章 章 章 章 章 章 章 章 章 章

章

0374

招

zhāo

招 부를 초, 지적할 교

동 손짓하다, (손을) 흔들다 / 모집하다, 불러모으다

- 招手 zhāoshǒu 동 손짓하다, 손을 흔들다
- 招待 zhāodài 동 초청하다, 접대하다
- 招商 zhāoshāng 동 상인을 모으다

8획 招 招 招 招 招 招 招 招

招

0375

针

zhēn

針 바늘 침

명 바늘 (모양의 물건) / 주사
양 대, 바늘, 코 [주사의 횟수·바늘의 땀·뜨개질의 코 등을 세는 단위]

- 指南针 zhǐnánzhēn 명 나침반
- 打针 dǎzhēn 동 주사를 놓다

7획 针 针 针 针 针 针 针

针

0376

争

zhēng

爭 다툴 쟁

동 다투다, 경쟁하다, 논쟁하다

- 战争 zhànzhēng 명 전쟁
- 争取 zhēngqǔ 동 쟁취하다, 노력하여 목적을 달성하다

6획 争 争 争 争 争 争

争

0377

整
zhěng

整 가지런할 정

형 완전하다, 온전하다

- 完整 wánzhěng 형 완정하다, 온전하다
- 整个 zhěnggè 형 모든, 전부의
- 整体 zhěngtǐ 명 (집단·사물 등의) 전체, 총체

16획 整 整 整 整 整 整 整 整 整 整 整 整 整 整 整 整

整

0378

证
zhèng

証 간할 정, 증거 증

동 증명하다
명 증거, 증명서

- 证明 zhèngmíng 명 동 증명(하다)
- 证书 zhèngshū 명 증서, 증명서
- 证件 zhèngjiàn 명 증거 서류, 증명서

7획 证 证 证 证 证 证 证

证

0379

之
zhī

之 갈 지

조 ~의 [종속 관계를 나타냄]

- 百分之 bǎi fēn zhī 퍼센트, 백분의
- 之前 zhīqián 명 ~의 앞, ~의 전 [주로 시간에 많이 쓰임]

3획 之 之 之

之

0380

支
zhī

支 지탱할 지

동 지지하다, 지탱하다 / 지불하다
양 자루, 개피 [가늘고 긴 물건을 세는 단위]

- 支持 zhīchí 동 지지하다, 후원하다
- 支出 zhīchū 명 동 지출(하다)
- 一支笔 yì zhī bǐ 펜 한 자루

4획 支 支 支 支

支

0381

汁

zhī

汁 즙 즙

명 즙, 즙 액

- 果汁(儿) guǒzhī(r) 명 과일즙, 과일 주스
- 橙汁 chéngzhī 명 오렌지 주스

5획 汁 汁 汁 汁 汁

汁

0382

值

zhí

值 값 치

명 가치, 값

동 ~할 가치가 있다 / 당번이 돌아오다

- 值得 zhídé 동 ~할 만한 가치가 있다
- 值钱 zhíqián 형 값어치가 있다, 값지다
- 值班 zhíbān 동 당번이 되다, 당직을 서다

10획 值 值 值 值 值 值 值 值 值 值

值

0383

职

zhí

職 직분 직

명 직무, 직책 / 직위 / 직원(职员)의 준말

- 职务 zhíwù 명 직무
- 辞职 cízhí 동 사직하다
- 职位 zhíwèi 명 직위
- 职员 zhíyuán 명 직원, 사무원

11획 职 职 职 职 职 职 职 职 职 职 职

职

0384

植

zhí

植 심을 식, 둘 치

동 심다, 재배하다

명 식물

- 植树 zhíshù 동 나무를 심다
- 植物园 zhíwùyuán 명 식물원

12획 植 植 植 植 植 植 植 植 植 植 植 植

植

0385

止

zhǐ

止 그칠 지

동 정지하다, 멈추다 / 저지하다, 정지시키다

- 阻止 zǔzhǐ 동 저지하다, 가로막다
- 止痛药 zhǐtòngyào 진통제

4획 止 止 止 止

止

0386

址

zhǐ

址 터 지

명 위치, 지점, 소재지

- 地址 dìzhǐ 명 소재지, 주소
- 网址 wǎngzhǐ 명 웹 사이트 주소

7획 址 址 址 址 址 址 址

址

0387

指

zhǐ

指 가리킬 지

명 손가락
동 가리키다, 지시하다

- 指甲 zhǐjia 명 손톱
- 戒指 jièzhi 명 반지
- 指示 zhǐshì 동 지시하다, 가리키다

9획 指 指 指 指 指 指 指 指 指

指

0388

至

zhì

至 이를 지, 덜렁대는 모양 질

동 이르다, ~까지 도달하다
부 제일, 지극히

- 至于 zhìyú 동 ~의 정도에 이르다 전 ~에 관해서는
- 至今 zhìjīn 부 지금까지, 오늘까지
- 至少 zhìshǎo 부 최소한, 적어도

6획 至 至 至 至 至 至

至

0389

质
zhì

質 바탕 질, 폐백 지

명 성질 / 품질 / 물질

- 气质 qìzhì 명 기질, 풍격
- 素质 sùzhì 명 소양, 자질
- 质量 zhìliàng 명 질량, 질과 양, 품질

8획 质 质 质 质 质 质 质 质

质

0390

众
zhòng

衆 무리 중

형 많다
명 많은 사람

- 众多 zhòngduō 형 (인구·문제 등이) 매우 많다
- 群众 qúnzhòng 명 군중, 민중, 대중

6획 众 众 众 众 众 众

众

0391

洲
zhōu

洲 물가 주

명 주 [대륙을 나눈 명칭]

- 欧洲 Ōuzhōu 유럽주
- 非洲 Fēizhōu 아프리카 주
- 美洲 Měizhōu 미주, 아메리카주

9획 洲 洲 洲 洲 洲 洲 洲 洲 洲

洲

0392

祝
zhù

祝 빌 축, 저주할 주

동 기원하다, 바라다, 축하하다

- 庆祝 qìngzhù 동 경축하다
- 祝词 zhùcí 명 축사

9획 祝 祝 祝 祝 祝 祝 祝 祝 祝

祝

0393

著

zhù

著 나타날 저, 붙을 착

형 현저하다, 분명하다
명 동 저작(하다), 저술(하다)

- 显著 xiǎnzhù 형 현저하다, 뚜렷하다
- 著名 zhùmíng 형 저명하다, 유명하다
- 著作 zhùzuò 명 동 저서(하다), 저작(하다)

11획 著 著 著 著 著 著 著 著 著 著 著

著

0394

专

zhuān

專 오로지 전, 모일 단

형 전문적이다
부 전문적으로, 오로지

- 专门 zhuānmén 부 전문적으로 형 전문적이다
- 专家 zhuānjiā 명 전문가

4획 专 专 专 专

专

0395

转

zhuǎn / zhuàn

轉 구를 전

zhuǎn 동 바뀌다, 전환하다, (몸 등을) 돌리다 / (중간에서) 전하다, 송달하다
zhuàn 동 돌다

- 转变 zhuǎnbiàn 동 전변하다, (점점) 바뀌다
- 转告 zhuǎngào 동 전언하다, (내용을) 전하다
- 转达 zhuǎndá 동 전달하다, 전하다
- 转圈(儿) zhuànquān(r) 동 둘레를 돌다, 주위를 돌다

8획 转 转 转 转 转 转 转 转

转

0396

赚

zhuàn

賺 속일 잠, 속일 렴(염)

동 돈을 벌다, 이윤을 보다

- 赚钱 zhuàn qián 돈을 벌다

14획 赚 赚 赚 赚 赚 赚 赚 赚 赚 赚 赚 赚 赚 赚

赚

0397

资
zī

資 재물 자

명 자원, 재물 / 금전, 비용

- 物资 wùzī 명 물자
- 投资 tóuzī 동 투자하다 명 투자(금)
- 资金 zījīn 명 자금

10획 资 资 资 资 资 资 资 资 资 资

资

0398

仔
zǐ

仔 자세할 자

형 (가축 등이) 어린, 작은 / 자세하다, 세밀하다

- 仔鸡 zǐjī 명 병아리
- 仔细 zǐxì 형 꼼꼼하다, 자세하다, 세밀하다

5획 仔 仔 仔 仔 仔

仔

0399

族
zú

族 겨레 족, 풍류 가락 주

명 가족, 일족, 종족

- 家族 jiāzú 명 가족, 동족
- 贵族 guìzú 명 귀족
- 种族 zhǒngzú 명 종족, 인종

11획 族 族 族 族 族 族 族 族 族 族 族

族

0400

座
zuò

座 자리 좌

명 자리, 좌석
양 좌, 동, 채 [비교적 크거나 고정된 물체를 세는 단위]

- 座谈 zuòtán 동 좌담하다, 간담하다
- 一座山 yí zuò shān 산 하나

10획 座 座 座 座 座 座 座 座 座 座

座

중국어 상용한자 4급

1 뜻과 알맞은 한어병음을 연결하고, 한자를 쓰세요.

❶ 풍부하다 •	• a. ________________	yángé
❷ 엄격하다 •	• b. ________________	tíngzhǐ
❸ 아름답다 •	• c. ________________	fēngfù
❹ 정지하다 •	• d. ________________	měilì

2 빈칸에 알맞은 양사를 보기에서 찾아 쓰세요.

보기 台 tái　座 zuò　碗 wǎn　棵 kē　支 zhī　盒 hé

❶ 
一________树
yì ________ shù

❷ 
一________空调
yì ________ kōngtiáo

❸ 
一________烟
yì ________ yān

❹ 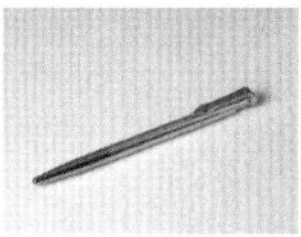
一________笔
yì ________ bǐ

❺ 
一________山
yí ________ shān

❻ 
一________米饭
yì ________ mǐfàn

3 다음 해석을 읽고, 빈칸에 알맞은 한자를 보기에서 찾아 쓰세요.

보기 餐 cān　汗 hàn　悔 huǐ　鼻 bí　辣 là

해석 나는 어제 중국**음식**을 먹었다. 사천 음식이 **매워서** 나는 눈물, **콧물**을 흘리고, **땀**이 났다. 그래도 맛있어서 **후회**는 안 한다.

• 四川菜 Sìchuān cài 사천 음식

我昨天吃了中❶________。因为四川菜❷________，我流泪、

Wǒ zuótiān chī le zhōng ❶________. Yīnwèi Sìchuān cài ❷________, wǒ liú lèi、

流❸________涕、出❹________了。可是，因为好吃，我不后❺________。

liú ❸________ tì、chū ❹________ le. Kěshì, yīnwèi hǎo chī, wǒ bú hòu ❺________.

4 알맞은 어순으로 문장을 완성하세요.

❶ 너 졌어?
了 / 你 / 吗 / 输 → ________________?

❷ 이거 매우 더럽다.
脏 / 这个 / 很 → ________________。

❸ 너는 나를 비평하지 마!
我 / 你 / 批评 / 别 → ________________!

❹ 너 정말 용감하다!
勇敢 / 你 / 真 → ________________!

5 다음 문장을 한어병음을 보며 중국어로 써 보세요.

❶ 나 아시아 주에 가고 싶어.
Wǒ xiǎng qù Yàzhōu. → ________________。

❷ 이거 가격이 얼마예요?
Zhège jiàgé shì duōshao? → ________________?

❸ 나는 부모님을 사랑해.
Wǒ ài fùmǔ. → ________________。

❹ 나는 매우 행복하다.
Wǒ hěn xìngfú. → ________________。

❺ 그는 너를 싫어해.
Tā tǎoyàn nǐ. → ________________。

➡ 정답 279쪽

단어 그림 찾기

✎ 다음 단어에 해당하는 그림을 찾아보세요.

肚子 / 大象 / 窗帘 / 花瓶

➡ 정답 279쪽

부록

☑ Check Page 정답

☑ 단어 쓰기

☑ 색인

정답

1급

p.48

1.

一	二	三	四	五
yī	èr	sān	sì	wǔ
六	七	八	九	十
liù	qī	bā	jiǔ	shí

2. ❶去年二月十四号
❷明年十二月二十五号
❸上午十一点十分
❹下午八点四十分

3. ❶水果 ❷书 ❸椅子
❹桌子 ❺飞机 ❻茶

4. ❶很高 hěn gāo ❷很多 hěn duō
❸很冷 hěn lěng ❹很热 hěn rè

5. ❶你好! ❷再见!
❸我看电影。 ❹你回家吗?
❺他睡觉。 ❻她写汉字。
❼我们说汉语。

★ 단어 그림 찾기
의사 / 컴퓨터 / 의자 / 책

2급

p.90

1. ❶dìdi 남동생 ❷唱歌 노래 부르다
❸旁边 옆, 곁 ❹红色 hóngsè

2. ❶狗 gǒu ❷猫 māo ❸鸡 jī
❹牛 niú ❺羊 yáng

3. ❶黑 ❷出 ❸右 ❹快 ❺远

4. ❶考试 / 思考 / 参考
❷运动 / 活动 / 动物
❸外面 / 外国人 / 另外
❹问题 / 反问 / 问候

5. ❶我帮你吧! ❷哥哥等你。
❸我也知道。 ❹你别笑!
❺我卖完了。

★ 단어 그림 찾기
장난감 / 수박 / 남자아이 / 강아지

3급

p.170

1. ❶ 词典 ❷ 世界 ❸ 准备
   ❹ 自己 ❺ 安静

2. (1) ❶ 春天 chūntiān
   ❷ 夏天 xiàtiān
   ❸ 秋天 qiūtiān
   ❹ 冬天 dōngtiān
   (2) ❶ 北 ❷ 东 ❸ 南 ❹ 西

3. ❶ 节 ❷ 婚 ❸ 照 ❹ 历

4. ❶ 我腿疼。
   ❷ 这个很甜。
   ❸ 他感冒了。
   ❹ 我的鞋是黄色的。
   ❺ 她刚才哭了。

★ 단어 그림 찾기
모자 / 운동화 / 할아버지 / 발

4급

p.274

1. ❶ 풍부하다 — c. 丰富 fēngfù
   ❷ 엄격하다 — a. 严格 yángé
   ❸ 아름답다 — d. 美丽 měilì
   ❹ 정지하다 — b. 停止 tíngzhǐ

2. ❶ 棵 kē ❷ 台 tái ❸ 盒 hé
   ❹ 支 zhī ❺ 座 zuò ❻ 碗 wǎn

3. ❶ 餐 cān ❷ 辣 là ❸ 鼻 bí
   ❹ 汗 hàn ❺ 悔 huǐ

4. ❶ 你输了吗? ❷ 这个很脏。
   ❸ 你别批评我! ❹ 你真勇敢!

5. ❶ 我想去亚洲。
   ❷ 这个价格是多少?
   ❸ 我爱父母。
   ❹ 我很幸福。
   ❺ 他讨厌你。

★ 단어 그림 찾기
복부 / 코끼리 / 커튼 / 화병

단어 쓰기

高兴
gāoxìng
형 기쁘다, 즐겁다

高 兴

国家
guójiā
명 국가, 나라

国 家

说话
shuōhuà
동 말하다

说 话

机会
jīhuì
명 기회

机 会

名字
míngzi
명 이름, 성명

名 字

朋友
péngyou
명 친구

朋 友

上班
shàngbān
동 출근하다

上 班

时间
shíjiān
명 시간

时 间

学校
xuéxiào
명 학교

学 校

衣服
yīfu
명 옷, 의복

衣 服

단어 쓰기

明白

míngbai

동 이해하다

明 白

经常

jīngcháng

부 언제나, 늘

经 常

告诉

gàosu

동 말하다, 알리다

告 诉

公园

gōngyuán

명 공원

公 园

孩子

háizi

명 아이, 어린이

孩 子

音乐

yīnyuè

명 음악

音 乐

跑步

pǎobù

동 달리다

跑 步

感情

gǎnqíng

명 감정

感 情

身体

shēntǐ

명 몸, 신체

身 体

新闻

xīnwén

명 뉴스

新 闻

단어 쓰기

冰箱
bīngxiāng
명 냉장고

冰 箱

检查
jiǎnchá
동 검사하다

检 查

简单
jiǎndān
형 간단하다, 단순하다

简 单

复杂
fùzá
형 복잡하다

复 杂

故乡
gùxiāng
명 고향

故 乡

奇怪
qíguài
형 이상하다, 괴이하다

奇 怪

旅行
lǚxíng
동 여행하다

旅 行

环境
huánjìng
명 환경

环 境

理解
lǐjiě
동 이해하다

理 解

邻居
línjū
명 이웃(집)

邻 居

礼物 lǐwù 명 선물, 예물	礼 物
聊天 liáotiān 동 대화하다, 잡담하다	聊 天
选择 xuǎnzé 동 고르다, 선택하다	选 择
毕业 bìyè 동 졸업하다	毕 业
容易 róngyì 형 쉽다	容 易

蛋糕
dàngāo
명 케이크

蛋	糕						

世界
shìjiè
명 세계, 세상

世	界						

渴望
kěwàng
동 갈망하다

渴	望						

地铁
dìtiě
명 지하철

地	铁						

周围
zhōuwéi
명 주위, 주변

周	围						

失败
shībài
동 실패하다

失 败

窗户
chuānghu
명 창문

窗 户

规则
guīzé
명 규칙, 규정

规 则

紧张
jǐnzhāng
형 긴장해 있다

紧 张

警察
jǐngchá
명 경찰

警 察

拒绝
jùjué
동 거절하다, 거부하다

拒 绝

考虑
kǎolǜ
동 고려하다

考 虑

缺点
quēdiǎn
명 결점, 단점

缺 点

伤心
shāngxīn
동 상심하다, 슬퍼하다

伤 心

态度
tàidu
명 태도

态 度

단어 쓰기

细心
xìxīn
형 세심하다, 면밀하다

细 心

印象
yìnxiàng
명 인상

印 象

责任
zérèn
명 책임

责 任

发展
fāzhǎn
동 발전하다

发 展

战争
zhànzhēng
명 전쟁

战 争

丰富
fēngfù
형 많다, 풍부하다

丰 富

获得
huòdé
동 얻다, 취득하다

获 得

密码
mìmǎ
명 암호, 비밀번호

密 码

暑假
shǔjià
명 여름 방학, 여름휴가

暑 假

勇气
yǒngqì
명 용기

勇 气

1급 중국어 상용한자표(150자)

			A
1	爱	ài	동 사랑하다, ~하기를 좋아하다
			B
2	八	bā	수 8, 여덟
3	爸	bà	명 아빠, 아버지
4	杯	bēi	명 수 잔
5	本	běn	명 책, 공책 양 (책의) 권
6	不	bù	부 (동사 · 형용사 또는 기타 부사 앞에서) 부정을 나타냄
			C
7	菜	cài	명 요리 / 채소
8	茶	chá	명 차
9	车	chē	명 차, 수레
10	吃	chī	동 먹다
			D
11	打	dǎ	동 때리다, 치다 / (놀이 · 운동을) 하다, (어떤 동작을) 하다 / (전화를) 걸다
12	大	dà	형 크다, 넓다, 많다
13	的	de	조 ~한, ~의
14	点	diǎn	양 시 [시간의 단위] 동 지명하다 / 주문하다 / 불을 붙이다
15	电	diàn	명 전기
16	店	diàn	명 상점, 가게
17	都	dōu	부 모두 / 이미
		dū	명 수도
18	读	dú	동 읽다, 낭독하다
19	对	duì	명 형 맞은편(의), 상대(의) 형 맞다, 옳다
20	多	duō	형 수량이 많다 부 얼마나 / 아무리
			E
21	儿	ér	명 아이, 어린이
22	二	èr	수 2, 둘

		F	
23	饭	fàn	명 밥, 식사
24	飞	fēi	동 (비행기 · 미사일 등이) 날다, (곤충 · 새 등이) 날다
25	分	fēn	양 분 [시간의 단위], 분 [수학] 동 나누다
		G	
26	高	gāo	형 (높이 · 기준이) 높다
27	个	gè	양 개 형 단독의 명 (사람의) 키
28	工	gōng	명 일꾼, 노동자 / 노동, 작업
29	国	guó	명 국가, 나라
30	果	guǒ	명 과실, 열매 / (사물의) 귀결, 결과
		H	
31	汉	hàn	명 한 [유방(刘邦)이 세운 나라(B.C.206~A.D.220)]
32	好	hǎo	형 좋다, 낫다
		hào	동 좋아하다
33	号	hào	명 번호
34	喝	hē	동 마시다
35	和	hé	접 ~와(과) 형 평화롭다 / 부드럽다
36	很	hěn	부 매우, 대단히, 아주
37	后	hòu	명 (시 · 공간의) 뒤, 후, 다음
38	话	huà	동 말하다, 이야기하다 명 말
39	回	huí	양 번, 회 동 돌아오다(가다) / 회답하다
40	会	huì	조동 (배워서) ~을 할 수 있다 동 모이다 명 모임 / 기회
		J	
41	机	jī	명 기계, 기구
42	几	jǐ	대 몇
43	家	jiā	명 집 / 어떤 전문 학문에 종사하는 사람
44	见	jiàn	동 보(이)다, 눈에 띄다 명 의견, 견해
45	叫	jiào	동 (~라고) 하다, 부르다
46	觉	jiào	명 잠, 수면
		jué	명 감각, 느낌 동 느끼다
47	姐	jiě	명 누나, 언니

48	今	jīn	명 지금, 이제, 오늘 형 지금의, 현재의
49	九	jiǔ	수 9, 아홉
			K
50	开	kāi	동 열다, 켜다 / 개업하다, 개설하다
51	看	kàn	동 보다 / ~라고 생각하다 / 방문하다
52	客	kè	명 손님
53	块	kuài	양 덩이, 조각, 장, 위안 [위안화의 기본 단위] 부 함께
			L
54	来	lái	동 오다
55	老	lǎo	형 늙다 / 오래된, 예부터의
56	了	le	조 행위의 완성을 나타냄
57	冷	lěng	형 춥다
58	里	lǐ	명 가운데, 안쪽, 내부 양 리 [500m를 1리(里)로 함]
59	六	liù	수 6, 여섯
			M
60	妈	mā	명 엄마, 어머니
61	吗	ma	조 의문의 어기를 나타냄
62	买	mǎi	동 사다, 구매하다
63	么	me	접미 접미사의 하나
64	没	méi	동 없다 부 ~않다
65	们	men	접미 ~들 [사람을 지칭하는 명사나 대명사의 뒤에 쓰여 복수를 나타냄]
66	米	mǐ	명 쌀 양 미터(m)
67	面	miàn	접미 쪽, 측면, 측 명 (곡물의) 가루, 분말
68	名	míng	명 이름, 명칭
69	明	míng	명 (올해 · 오늘의) 다음 형 밝다, 환하다 / 명백하다, 분명하다
			N
70	哪	nǎ	대 어느, 어느 것
71	那	nà	대 저, 그, 저것, 그것
72	呢	ne	조 의문 · 지속을 나타냄
73	能	néng	조동 ~할 수 있다 명 재능, 재간
74	你	nǐ	대 너, 당신

75	年	nián	명 년, 해 / 나이, 연령
76	女	nǚ	명 여자
			P
77	朋	péng	명 벗, 동무, 친구
			Q
78	七	qī	수 7, 일곱
79	气	qì	명 기체, 가스 / 공기 / 기후 / 기질 명동 성(내다), 화(내다)
80	前	qián	명 (공간 · 순서의) 앞 / (시간) 전, 그전
81	钱	qián	명 돈
82	请	qǐng	동 청하다 / 초청하다
83	去	qù	동 가다, 떠나다 형 (시간적으로) 과거의, 이전의
			R
84	热	rè	형 덥다, 뜨겁다 동 가열하다 명 열
85	人	rén	명 사람, 인간
86	认	rèn	동 (물건 · 사람 · 글자 등을) 분간하다, 식별(분별)하다 / 인정하다
			S
87	三	sān	수 3, 셋
88	商	shāng	명 상업, 장사 동 상의하다, 토의하다
89	上	shàng	명 위 형 (시간상) 지난 동 (어떤 곳으로) 가다 / 올라가다
90	少	shǎo	형 적다 동 부족하다, 빠지다
		shào	형 젊다, 어리다
91	谁	shéi	대 누구
92	什	shén	대 무엇, 무슨
93	生	shēng	동 낳다, 태어나다 / 생기다, 자라다 명 배우는 사람, 생도
94	师	shī	명 스승, 선생 접미 ~가, ~사 [전문적인 지식 또는 기술을 가진 사람]
95	十	shí	수 10, 열 형 완전한
96	时	shí	명 때, 시기, (정해진) 시간
97	识	shí	명 견식, 지식, 식견 동 알다, 식별하다
98	视	shì	동 보다 / 간주하다, 대하다
99	是	shì	동 ~이다 형 맞다, 옳다
100	书	shū	명 책

101	水	shuǐ	명 물
102	睡	shuì	동 (잠을) 자다 / 눕다 명 잠, 수면
103	说	shuō	동 말하다, 설명하다
104	四	sì	수 4, 넷
105	岁	suì	양 살, 세

T

106	他	tā	대 그, 그 사람 / 다른
107	她	tā	대 그녀
108	太	tài	부 대단히, 매우, 지나치게 형 크다, 넓다
109	天	tiān	명 하늘 / 하루, 날, 일 형 타고난
110	听	tīng	동 듣다, 듣고 따르다
111	同	tóng	형 같다 동 ~와(과) 같다

W

112	我	wǒ	대 나, 저
113	五	wǔ	수 5, 다섯
114	午	wǔ	명 정오

X

115	下	xià	명 밑, 아래 / 나중, 다음 동 내려가다 / (비 · 눈 등이) 내리다
116	先	xiān	부 먼저
117	现	xiàn	명 현재, 지금 동 나타나다
118	想	xiǎng	동 생각하다, 그리워하다 조동 ~하고 싶다
119	小	xiǎo	형 작다, 어리다
120	校	xiào	명 학교
121	些	xiē	양 조금, 약간
122	写	xiě	동 글씨를 쓰다, 글을 짓다
123	谢	xiè	명동 감사(하다)
124	学	xué	동 배우다, 학습하다 명 학문, 학술

Y

125	样	yàng	명 모양, 꼴 / 본보기, 견본 양 종류, 형태
126	一	yī	수 1, 하나
127	衣	yī	명 옷, 의복

128	医	yī	명 의사 / 의학 동 치료하다
129	椅	yǐ	명 의자
130	影	yǐng	명 그림자 / 사진
131	友	yǒu	명 친구, 벗 형 친하다, 사이가 좋다
132	有	yǒu	동 있다
133	雨	yǔ	명 비
134	语	yǔ	명동 말(하다) 명 구(句), 둘 이상의 단어가 결합된 것 / 속담, 성어
135	院	yuàn	명 뜰 / 어떤 기관 또는 공공장소
136	月	yuè	명 달, 월
		Z	
137	再	zài	수 두 번, 두 번째 부 재차, 또
138	在	zài	동 (~에) 있다 전 ~에, ~에서
139	怎	zěn	대 왜, 어째서, 어떻게
140	这	zhè	대 이, 이것
141	中	zhōng	명 한가운데, 중심, 중앙
142	钟	zhōng	명 종, 시계
143	住	zhù	동 숙박하다, 살다
144	桌	zhuō	명 테이블, 탁자 양 상 [요리상의 수를 세는 단위]
145	子	zǐ	명 아들 / 사내아이
146	字	zì	명 문자, 글자
147	昨	zuó	명 어제 / 과거, 옛날, 이전
148	作	zuò	동 실행하다, 하다 / 글을 쓰다, 창작하다, 제작하다 명 작품
149	坐	zuò	동 앉다
150	做	zuò	동 하다 / 만들다 / ~이 되다

2급 중국어 상용한자표(150자)

B			
1	吧	bā	명 바(bar)
		ba	조 문장 끝에 쓰여 상의 · 제의 · 청유 · 기대 · 명령 등의 어기를 나타냄
2	白	bái	형 하얗다, 희다 / 명백하다, 분명하다
3	百	bǎi	수 100, 백 / 많은 수 [비유]
4	班	bān	명 조, 그룹 / 반 / 근무
5	帮	bāng	동 돕다, 거들어 주다
6	报	bào	동 알리다, 전하다, 보고하다 명 신문
7	比	bǐ	전 ~에 비해, ~보다 동 비교하다 / 비유하다
8	笔	bǐ	명 붓, 필기구 동 글자를 쓰다, 글을 짓다
9	边	biān	명 변, 가장자리 / 주위, 근방 부 ~하면서 ~하다
10	便	biàn	형 편리하다 명 편리한 때
11	表	biǎo	명 겉, 표면 / 용모 / 시계 동 (생각 · 감정을) 드러내다
12	别	bié	부 ~하지 마라 형 별개의, 다른 명 종류 / 차별, 차이
13	病	bìng	명 병 / 결함, 과실, 흠
14	步	bù	명 걸음, 보폭 / (일의 진행되는) 단계, 순서 동 걷다
C			
15	长	cháng	형 (길이가) 길다
		zhǎng	동 자라다, 생기다
16	常	cháng	형 일반적인, 보통의 부 자주, 언제나, 늘
17	场	chǎng	명 장소, 곳 양 회, 번, 차례
18	唱	chàng	동 노래하다
19	出	chū	동 나가다, 나오다
20	穿	chuān	동 (옷을) 입다, (신발 · 양말 등을) 신다
21	床	chuáng	명 침대 양 자리, 채 [침구를 세는 단위]
22	次	cì	양 차례, 번, 회
23	从	cóng	전 ~부터, ~을 기점으로
24	错	cuò	동 틀리다, 맞지 않다 / (기회 · 차 등을) 놓치다 명 잘못

D

25	但	dàn	[접] 그러나, 그렇지만
26	到	dào	[동] 도착하다, 어느 곳에 이르다 [전] ~까지
27	道	dào	[명] 길, 도로 [동] 말하다 / 말로 감정을 표시하다
28	得	dé	[동] 얻다
		de	[조] 결과나 정도를 나타내는 보어와 연결시킴 [동사나 형용사 뒤에 쓰임]
		děi	[동] ~해야 한다
29	等	děng	[동] 기다리다 [형] (정도 · 수량이) 같다
30	弟	dì	[명] 동생, 아우
31	第	dì	[접두] 제 [수사 앞에 쓰여 차례의 몇 째를 가리킴]
32	懂	dǒng	[동] 알다, 이해하다
33	动	dòng	[동] 움직이다 / 감동시키다

F

34	房	fáng	[명] 집, 주택 / 방
35	非	fēi	[동] ~이(가) 아니다

G

36	告	gào	[동] 말하다, 알리다
37	哥	gē	[명] 형, 오빠
38	歌	gē	[명] 노래 [동] 노래하다, 노래를 부르다
39	给	gěi	[동] 주다 [전] ~에게
40	公	gōng	[형] 공공의, 공동의 / 공평하다, 공정하다 [명] 공무, 사무
41	共	gòng	[부] 함께, 같이 [형] 공통의, 같은, 동일한
42	狗	gǒu	[명] 개
43	瓜	guā	[명] 박과 식물(의 과실)
44	贵	guì	[형] 귀하다 / 비싸다
45	过	guò	[동] 지나다, 경과하다 / 겪다, 경험하다
		guo	[조] ~한 적이 있다

H

46	还	hái	[부] 역시 / 아직, 여전히 / 또, 더
		huán	[동] 돌려주다, 갚다 / 돌아가다, 돌아오다
47	孩	hái	[명] 어린이, 자녀

48	黑	hēi	형 검다, 까맣다
49	红	hóng	형 붉다, 빨갛다
50	欢	huān	동 좋아하다 형 즐겁다, 유쾌하다
51	火	huǒ	명 불, 화염

J

52	鸡	jī	명 닭
53	间	jiān	명 사이, 중간 / 방, 간, 실
54	件	jiàn	양 건, 개 [일 · 사건 · 개체의 사물을 세는 단위] 명 문서, 서류
55	教	jiāo	동 가르치다, 전수하다
		jiào	동 가르치다, 지도하다
56	进	jìn	동 (밖에서 안으로) 들다 / 나아가다, 전진하다
57	近	jìn	형 가깝다 / 가까이 하다, 접근하다
58	经	jīng	동 경과하다, 지나다 / 겪다 / 경영하다, 관리하다
59	就	jiù	부 바로, 즉 동 종사하다

K

60	考	kǎo	명동 시험(보다), 테스트(하다) 동 연구하다, 고증하다
61	可	kě	동 허가 · 가능을 나타냄 접 역접을 나타냄
62	课	kè	명 수업, 강의 / 과
63	快	kuài	형 빠르다 / 유쾌하다, 즐겁다 부 곧

L

64	乐	lè	형 즐겁다, 기쁘다 동 즐기다, 좋아하다
		yuè	명 음악
65	累	lèi	형 지치다, 피곤하다
66	离	lí	전 ~로부터 동 분리하다, 헤어지다
67	两	liǎng	수 2, 둘
68	路	lù	명 길, 도로, 노선

M

69	卖	mài	동 팔다, 판매하다
70	慢	màn	형 느리다
71	忙	máng	형 바쁘다 명 긴박감, 성급함
72	猫	māo	명 고양이

73	每	měi	[대] 매, 각, ~마다
74	妹	mèi	[명] 여동생, 누이동생
75	门	mén	[명] 문 [양] 과목

N

76	奶	nǎi	[명] 젖, 유방
77	男	nán	[명] 남자
78	您	nín	[대] 당신 ['你'의 높임말]
79	牛	niú	[명] 소

P

80	旁	páng	[명] 옆, 가, 곁
81	跑	pǎo	[동] 달리다, 뛰다
82	票	piào	[명] 표

Q

83	起	qǐ	[동] 일어서다, 일어나다
84	汽	qì	[명] (수)증기, 김 / 기체
85	千	qiān	[수] 천 [단위] / 많은 수량 [비유]
86	情	qíng	[명] 감정
87	晴	qíng	[형] 하늘이 맑다
88	球	qiú	[명] 구, 공

R

89	然	rán	[접] 그러나, 그렇지만 [접미] ~한, ~같은, ~처럼
90	让	ràng	[동] 사양하다, 양보하다 / ~하도록 시키다
91	日	rì	[명] 해, 일, 날
92	肉	ròu	[명] 고기

S

93	色	sè	[명] 색 / 정경, 경치
94	身	shēn	[명] 몸, 신체
95	事	shì	[명] 일 / 사고, 사건
96	试	shì	[동] 시험 삼아 해 보다, 시험하다
97	室	shì	[명] 방 / 기관 · 단체의 업무 단위로서의 실
98	手	shǒu	[명] 손

99	司	sī	동 주관하다, 관장하다 명 국(局), 부(部)
100	思	sī	동 생각하다, 고려하다 / 그리워하다
101	送	sòng	동 보내다 / 선물하다 / 배웅하다
102	诉	sù	동 알리다 / 고발하다
103	虽	suī	접 비록 ~하지만 / 설령 ~라하더라도
104	所	suǒ	명 장소, 곳 양 채, 곳 [집 · 건물 등을 세는 단위]

T

105	它	tā	대 그, 저, 그것, 저것 [사람 이외의 것]
106	题	tí	명 제목 / 문제
107	体	tǐ	명 몸, 신체 / 물체
108	跳	tiào	동 뛰다, 도약하다

W

109	外	wài	명 밖, 바깥 / 외국 / ~이외
110	完	wán	형 완전하다, 완벽하다 동 마치다, 끝나다
111	玩	wán	동 놀다, 놀이하다
112	晚	wǎn	명 저녁, 밤 형 늦은, 끝나가는, 말(末)의
113	往	wǎng	동 가다 형 이전의, 옛날의 전 ~쪽으로, ~(을) 향해
114	为	wéi	동 ~이다 / ~이 되다
		wèi	전 ~때문에 / ~을 위하여
115	问	wèn	동 묻다, 질문하다

X

116	洗	xǐ	동 씻다 / 빨다
117	笑	xiào	동 웃다
118	新	xīn	형 새로운
119	姓	xìng	명 성, 성씨 동 성이 ~이다
120	休	xiū	동 휴식하다, 쉬다 / 그만두다
121	雪	xuě	명 눈 형 (눈처럼) 흰, 새하얀

Y

122	眼	yǎn	명 눈 [신체]
123	羊	yáng	명 양 [동물]
124	药	yào	명 약, 약물

125	要	yào	[조동] ~하려고 하다 [동] 필요하다, 원하다 / 요구하다 [형] 중요하다 [접] 만약
126	也	yě	[부] ~도
127	已	yǐ	[동] 그치다, 끝나다 [부] 이미, 벌써
128	以	yǐ	[동] ~라고 여기다 [전] ~로써, ~에 의거하여
129	意	yì	[명] 생각, 마음 / 의미 / 의견
130	因	yīn	[명] 이유, 원인 [접] ~때문에
131	阴	yīn	[형] 흐리다 [명] 음 [↔阳]
132	泳	yǒng	[동] 수영하다, 헤엄치다
133	游	yóu	[동] 이리저리 다니다, 유람하다 / 헤엄치다
134	右	yòu	[명] 우측, 오른쪽
135	鱼	yú	[명] 물고기
136	员	yuán	[명] (단체의) 구성원 / 어떤 분야에 종사하고 있는 사람
137	远	yuǎn	[형] (시 · 공간의 거리가) 멀다, (관계 · 사이가) 멀다
138	运	yùn	[동] 운동하다 / 운반하다 [명] 운, 운세, 운명
			Z
139	早	zǎo	[명] 아침 [형] (때가) 이르다 [부] 일찍이
140	站	zhàn	[동] 서다, 일어서다 [명] 정거장, 역 / (어떤 업무를 위해 설치된) 소
141	着	zháo	[동] 동사 뒤에서 목적이 달성되었거나 결과가 있음을 표시함
		zhe	[조] ~하고 있다
142	找	zhǎo	[동] 찾다, 구하다
143	真	zhēn	[형] 진실하다 [부] 확실히, 진정으로
144	正	zhèng	[형] 바르다 [부] 마침
145	知	zhī	[동] 알다, 이해하다 [명] 지식, 학문
146	纸	zhǐ	[명] 종이
147	助	zhù	[동] 돕다, 협조하다
148	走	zǒu	[동] 걷다 / 가다 / 떠나다
149	最	zuì	[부] 가장, 제일
150	左	zuǒ	[명] 좌측, 왼쪽

3급 중국어 상용한자표(300자)

A			
1	阿	ā	접두 이름 · 호칭 앞에 쓰임
2	啊	a	조 문장 끝에 쓰여 감탄 · 찬탄을 나타냄
3	安	ān	형 안전하다 / 안정되다, 편안하다
B			
4	把	bǎ	양 자루, 개 [손잡이가 있는 물건을 세는 단위] 동 (손으로) 쥐다, 잡다 전 ~을(를) [목적어를 동사 앞으로 옮길 때 쓰임]
5	般	bān	형 보통의, 일반의
6	搬	bān	동 운반하다 / 이사하다, 옮겨가다
7	板	bǎn	명 판자, 널빤지
8	办	bàn	동 (일 등을) 하다, 처리하다
9	半	bàn	수 절반, 2분의 1
10	包	bāo	명 주머니 가방 동 (종이 · 베 등 얇은 것으로) 싸다 / 포함하다, 포괄하다
11	饱	bǎo	형 배부르다
12	北	běi	명 북, 북쪽
13	备	bèi	동 갖추다 / 준비하다 명 설비
14	被	bèi	명 이불 전 (~에게) 당하다 [동사 앞에 쓰여서 피동을 나타냄]
15	必	bì	부 반드시, 꼭
16	变	biàn	동 변하다, 달라지다
17	宾	bīn	명 손님
18	冰	bīng	명 얼음
C			
19	才	cái	부 금방 / 비로소 / 겨우 명 재능
20	参	cān	동 참여하다, 가입하다 / 참고하다
21	草	cǎo	명 풀
22	层	céng	양 층, 겹 명 층, 계층, 계급
23	差	chā	명 차이, 상이점
		chà	형 부족하다 / 다르다 / 나쁘다
		chāi	동 파견하다

24	查	chá	동 검사하다 / 찾아보다 / 조사하다
25	超	chāo	동 넘어서다, 초월하다 [접두] 초(super)
26	衬	chèn	명 안감
27	成	chéng	동 이루다 / 성숙하다 명 성취, 성과
28	城	chéng	명 도시 / 성벽
29	迟	chí	형 늦다, 더디다
30	重	chóng	동 중복하다
		zhòng	형 무겁다 / 중요하다
31	除	chú	동 없애다, 제거하다 / 제외하다
32	楚	chǔ	형 분명하다
33	船	chuán	명 선박, 배
34	春	chūn	명 봄
35	词	cí	명 단어
36	聪	cōng	형 영리하다, 총명하다

D

37	答	dā	동 대답하다
		dá	동 대답하다
38	带	dài	동 휴대하다, 지니다 / 이끌다 명 띠, 벨트, 끈
39	担	dān	동 (책임 · 일을) 맡다, 담당하다
40	单	dān	형 홑의, 하나의 / 혼자의 / 간단하다
41	蛋	dàn	명 (동물의) 알
42	当	dāng	동 ~이(가) 되다 / 맡다, 담당하다 / 마땅히 ~해야 한다
		dàng	형 적합하다, 알맞다
43	地	de	조 ~하게 [부사어로 쓰이는 단어 · 구 뒤에 쓰임]
		dì	명 땅, 지구, 지면 / 지역, 지점, 장소
44	灯	dēng	명 등, 등불
45	典	diǎn	명 (표준이 되는) 서적
46	调	diào	동 이동하다 명 어조
		tiáo	동 조절하다, 조정하다
47	定	dìng	부 반드시, 꼭 형 확정된, 규정된 동 정하다, 결정하다 / 안정시키다
48	东	dōng	명 동쪽

49	冬	dōng	명 겨울
50	短	duǎn	형 (시공간의 거리가) 짧다
51	段	duàn	양 일정한 시간 · 공간의 거리 또는 구간 명 단락, 단계 / 방법
52	朵	duǒ	양 송이, 조각 [꽃 · 구름 등을 세는 단위]
			E
53	饿	è	형 배고프다 동 굶다, 굶주리다
54	而	ér	접 그리고 [순접] / ~지만 [역접]
55	耳	ěr	명 귀, 귀처럼 생긴 것
			F
56	发	fā	동 보내다 / 발생하다 / 발견하다, 드러내다
		fà	명 머리카락
57	法	fǎ	명 법, 법률 / 방법
58	方	fāng	형 사각형의 명 방법 / 방향 / 방면
59	放	fàng	동 놓다 / 휴가를 주다
60	风	fēng	명 바람 / 풍경 / 자태, 풍모
61	夫	fū	명 성인 남자 / 남편
62	服	fú	동 종사하다, 담당하다 / (약을) 먹다, 복용하다 명 옷
63	附	fù	동 접근하다 / 부착하다 / 덧붙이다
64	复	fù	동 반복하다, 돌아오다 형 복잡한
			G
65	该	gāi	조동 ~해야 한다
66	干	gān	형 건조하다, 마르다 / 텅비다, 아무것도 없다
		gàn	동 하다, 종사하다
67	感	gǎn	동 느끼다 / 감기에 걸리다 명 감정, 감각, 느낌
68	刚	gāng	부 막, 바로 / 마침, 꼭
69	根	gēn	명 뿌리, 근원, 근거
70	跟	gēn	전 ~와(과) 동 따라가다 명 (발 · 구두 · 양말 등의) 뒤꿈치
71	更	gēng	동 바꾸다, 고치다
		gèng	부 더욱, 더
72	故	gù	형 원래의, 종래의, 오래된 명 원인 / 사고 부 고의로, 일부러
73	顾	gù	동 돌보다 / 뒤돌아보다, 돌이켜보다 명 손님

74	刮	guā	[동] 바람 불다 / (칼날로) 깎다, 밀다
75	怪	guài	[형] 이상하다, 괴상하다 [동] 책망하다
76	关	guān	[명][동] 관계(가 있다) [동] (문을) 닫다, (등을) 끄다 [명] 관문
77	馆	guǎn	[명] ~관 [전용 건물 · 영업장 등] / 호텔, 여관, 식당
78	惯	guàn	[형] 습관적이다, 익숙해지다

H

79	害	hài	[동] 해치다, 손해를 입히다 / 걱정되다
80	行	háng	[명] 직업, 업종, 분야 / 상점, 점포, 영업소
		xíng	[동] 걷다, 가다 [명][형] 여행(의)
81	河	hé	[명] 강, 하천
82	候	hòu	[동] 기다리다 [명] 계절, 기후, 철, 때
83	乎	hū	[접미] 접미사의 하나 [동사 · 형용사 · 부사 뒤에 붙음]
84	护	hù	[동] 지키다, 보호하다
85	花	huā	[명] 꽃 [동] 소비하다, 쓰다
86	化	huà	[동] 변하다 / 소화하다 [명] 화학 [약칭] [접미] ~화(하다)
87	画	huà	[동] (그림을) 그리다 [명] 그림
88	坏	huài	[형] 나쁘다 / 고장 나다
89	环	huán	[명] 고리 [동] 둘러싸다, 돌다
90	换	huàn	[동] 교환하다 / 교체하다
91	黄	huáng	[명] 황색, 노란색 [형] 노랗다 / 선정적이다
92	婚	hūn	[동] 결혼하다 [명] 결혼, 혼인
93	或	huò	[접] 혹은, 또는 [부] 혹시, 아마

J

94	级	jí	[명] 등급 / 학년
95	极	jí	[명] 정점, 절정 [형] 최고의, 극도의 [동] 끝에 이르다, 극하다 [부] 몹시
96	急	jí	[동] 조급해하다, 서두르다 [형] 성급하다, 긴급하다
97	己	jǐ	[대] 자기, 자신
98	记	jì	[동] 기억하다 / 기록하다
99	季	jì	[명] 계절, 절기, 철, 시기
100	绩	jì	[명] 공적, 성과
101	加	jiā	[동] 더하다 / 증가하다

102	检	jiǎn	동 검사하다, 조사하다
103	简	jiǎn	형 간단하다 동 간단하게 하다
104	健	jiàn	형 건강하다, 튼튼하다 동 강하게 하다
105	讲	jiǎng	동 말하다 / 중시하다
106	角	jiǎo	명 (짐승의) 뿔 / 각, 각도 / 모서리, 구석
107	脚	jiǎo	명 발 / (물건의) 밑동, 굽
108	较	jiào	동 비교하다 / 따지다 부 비교적
109	接	jiē	동 접근하다, 접촉하다 / 잇다, 연결하다 / 받다, 접수하다
110	街	jiē	명 길, 거리
111	节	jié	양 절, 마디, 단락 동 절약하다 명 명절, 기념일, 축제일
112	结	jié	동 매다, 묶다 / 맺다, 결합하다 / 끝맺다, 종결하다
113	解	jiě	동 나누다, 분리하다 / 해석하다, 풀다 / 이해하다
114	介	jiè	동 소개하다 / 끼(이)다
115	界	jiè	명 지경, 범위, 분야, 계
116	借	jiè	동 빌다, 빌려주다 / 의지하다
117	斤	jīn	양 근 [무게의 단위]
118	京	jīng	명 수도, 서울 / '北京(베이징)'의 약칭
119	睛	jīng	명 눈, 눈동자
120	净	jìng	형 깨끗하다 동 깨끗하게 하다
121	静	jìng	형 조용하다, 움직이지 않다 동 조용히 하다
122	境	jìng	명 경계, 곳, 형편, 경지
123	久	jiǔ	형 오래다, (시간이) 길다
124	酒	jiǔ	명 술
125	旧	jiù	형 옛날의, 이전의 / 낡다
126	居	jū	동 살다, 거주하다 명 거처, 주소
127	句	jù	명 문장 양 마디, 편 [말 · 글의 수를 세는 단위]
128	据	jù	명 증거 동 의거하다 전 ~에 따르면
129	决	jué	동 정하다, 결정하다 부 결코, 절대로

K

130	卡	kǎ	명 카드
131	康	kāng	형 건강하다 / 풍족하다

132	渴	kě	형 목 타다 / 간절하다
133	刻	kè	동 새기다 양 15분 명 시간, 시각
134	空	kōng	형 텅 비다 명 하늘, 공중
		kòng	동 비우다 형 비다 명 여백, 틈
135	口	kǒu	명 입 / 출입구 양 식구 / 마리 / 입, 모금
136	哭	kū	동 (소리 내어) 울다
137	裤	kù	명 바지
138	筷	kuài	명 젓가락
			L
139	蓝	lán	형 남빛의, 남색의
140	篮	lán	명 바구니 / 농구
141	礼	lǐ	명 예 / 예식 / 선물, 예물
142	李	lǐ	명 자두, 자두나무 / 성(姓)
143	理	lǐ	동 정리하다, 다스리다 명 도리, 이치, 사리
144	力	lì	명 힘, 능력, 체력 동 힘을 다하다
145	历	lì	동 경험하다 / (세월 · 시간이) 흐르다, 지나다 형 과거의 명 역법, 역서
146	脸	liǎn	명 얼굴 / 체면
147	练	liàn	동 연습하다, 훈련하다 형 경험이 풍부하다, 노련하다
148	亮	liàng	형 밝다 / (소리가) 크고 맑다
149	辆	liàng	양 대 [차량을 셀 때 쓰는 양사]
150	聊	liáo	동 한담하다, 잡담하다
151	料	liào	동 예상하다 명 재료, 원료
152	邻	lín	명 이웃 형 인접한, 근접한
153	留	liú	동 머무르다, 묵다 / 남기다 / 유학하다
154	楼	lóu	명 층집, 다층 건물 양 층
155	旅	lǚ	동 여행하다
156	绿	lǜ	명 초록색 형 푸르다
			M
157	马	mǎ	명 말 [동물]
158	满	mǎn	형 가득하다 / 만족하다 동 가득하게 하다
159	冒	mào	동 (위험 · 악조건 등을) 개의치않다, 무릅쓰다

160	帽	mào	명 모자 / 뚜껑
161	末	mò	명형 최후(의), 마지막(의)
162	目	mù	명 (세분된) 작은 조항 / 목록, 목차, 종목

N

163	拿	ná	동 (손으로) 잡다, (손에) 쥐다, 가지다
164	南	nán	명 남, 남쪽
165	难	nán	형 어렵다, 곤란하다, 힘들다 동 어렵게 하다, 곤란하게 하다
166	脑	nǎo	명 뇌, 머리
167	鸟	niǎo	명 새
168	努	nǔ	동 힘쓰다, 노력하다

P

169	爬	pá	동 기다, 기어오르다
170	怕	pà	동 무서워하다, 두려워하다 부 아마 (~일 것이다, ~일지 모른다)
171	盘	pán	명 큰 접시 양 판, 대, 그릇 동 빙빙 돌다
172	胖	pàng	형 뚱뚱하다, 살찌다
173	皮	pí	명 피부, 가죽 / 포장 형 장난이 심하다
174	片	piàn	명 (평평하고 얇은) 조각, 판, 편 양 얇고 작은 사물이나 작게 잘라진 부분을 세는 단위
175	漂	piāo	동 (물 위에) 뜨다
		piǎo	동 표백하다
176	平	píng	형 평평하다, 균등하다 동 평평하게 만들다

Q

177	妻	qī	명 (정식으로 장가든) 처, 아내
178	期	qī	명 시기, 기일 / 기간 동 기대하다
179	其	qí	대 그(의), 그러한 것
180	奇	qí	형 기이하다 동 이상하게 여기다
181	骑	qí	동 (동물 · 자전거 등에 다리를 벌리고) 올라타다
182	且	qiě	접 또한 / ~마저도, ~조차(도)
183	轻	qīng	형 (중량 · 정도 · 기분 · 일 · 행동이) 가볍다 동 경시하다
184	清	qīng	형 깨끗하다, 분명하다 동 청산하다
185	秋	qiū	명 가을, 가을철
186	求	qiú	동 청하다, 부탁하다 / 추구하다, 구하다

187	趣	qù	명 취미, 흥미, 재미 형 재미있다

R

188	容	róng	명 용모, (얼굴의) 표정 동 받아들이다 / 관용하다 / 허락하다
189	如	rú	동 ~와 같다 / 예를 들다 접 만일, 만약

S

190	赛	sài	동 시합하다, 경쟁하다 명 시합, 경쟁
191	伞	sǎn	명 산, 산과 같은 모양을 한 것
192	扫	sǎo	동 쓸다 / 없애다, 제거하다
193	山	shān	명 우산, 우산 모양의 물건
194	衫	shān	명 홑 윗옷, 적삼 / 셔츠
195	烧	shāo	동 태우다, 불사르다 / 굽다 명동 열(이 나다)
196	绍	shào	명동 소개(하다)
197	声	shēng	명 소리 / 명성 동 소리를 내다
198	实	shí	형 진실한, 참된, 성실한 명 실제, 사실 부 확실히, 실제로
199	史	shǐ	명 역사
200	始	shǐ	동 시작하다 명 처음
201	世	shì	명 세대 / 세상 / 생애 / 시대
202	市	shì	명 시장 / 도시
203	瘦	shòu	형 마르다, 여위다
204	叔	shū	명 숙부, 작은 아버지 / 아저씨
205	舒	shū	동 펴다, 늘이다 형 느리다, 여유 있다
206	数	shǔ	동 세다, 헤아리다
		shù	명 수, 숫자
207	束	shù	양 묶음, 다발 명 끝, 결말 동 묶다, 매다 / 속박하다
208	树	shù	명 나무, 수목 동 심다, 재배해다
209	刷	shuā	명 솔, 브러시 동 솔로 닦다 / 인쇄하다
210	双	shuāng	양 쌍, 짝, 켤레
211	算	suàn	명동 (숫자를) 계산(하다) 동 계획하다

T

212	特	tè	형 특수하다, 특별하다 부 특히, 아주, 유달리
213	疼	téng	형 아프다 / 몹시 아끼다, 매우 사랑하다

214	梯	tī	명 사다리, 계단
215	踢	tī	동 차다, 발길질하다
216	提	tí	동 (고리 · 손잡이 등을 손에) 들다 / 들어올리다, 끌어올리다 / (정해진 기한을) 앞당기다
217	甜	tián	형 (맛이) 달다, (말이) 달콤하다
218	条	tiáo	명 가늘고 긴 것 양 가늘고 긴 것을 셀 때 쓰임
219	铁	tiě	명 쇠, 철
220	头	tóu	명 머리
		tou	접미 명사 뒤에 쓰이는 접미사
221	突	tū	부 갑자기, 돌연히 형 두드러지다 동 돌파하다, 충돌하다
222	图	tú	명 그림, 도표
223	腿	tuǐ	명 다리

W

224	万	wàn	수 10,000, 만 부 (긍정문에서) 매우 / (부정문에서) 전혀
225	网	wǎng	명 그물, 그물처럼 생긴 것 / 인터넷, 온라인 [약칭]
226	忘	wàng	동 잊다, 망각하다
227	望	wàng	동 (멀리) 바라보다 / 바라다, 희망하다
228	喂	wéi	감 (전화 상에서) 여보세요
		wèi	감 야, 어이 동 기르다, 먹이다
229	位	wèi	양 분, 명 [사람을 세는 단위] 명 곳, 자리 / 지위, 직위 동 위치하다, 자리잡다
230	文	wén	명 문장, 글 / 문화, 문명 / 언어, 국어
231	闻	wén	동 듣다 / 냄새를 맡다
232	舞	wǔ	명 춤, 무용 동 춤추다
233	务	wù	명 일, 업무, 임무
234	物	wù	명 물건, 물체

X

235	西	xī	명 서쪽
236	希	xī	동 바라다, 희망하다
237	息	xī	동 쉬다, 휴식하다 명 숨, 호흡 / 소식
238	习	xí	동 배우다, 연습하다 / 익숙하다, 능하다
239	喜	xǐ	형 기쁘다, 즐겁다 명 기쁜 일, 경사
240	戏	xì	명 놀이, 장난, 유희 / 연극, 극 동 놀다, 장난치다

241	系	xì	명 계통, 계열 / 학과
		jì	동 매다, 묶다
242	夏	xià	명 여름
243	鲜	xiān	형 신선하다, 싱싱하다 / (색채가) 선명하다 명 수산물
244	相	xiāng	부 서로, 함께
		xiàng	명 외모, 생김새, 용모
245	香	xiāng	형 향기롭다 / 맛이 좋다
246	箱	xiāng	명 상자, 트렁크
247	响	xiǎng	명 소리, 음향 동 울리다, 소리를 내다 명동 메아리(치다), 반향(하다)
248	向	xiàng	명 방향 동 (앞을) 향하다 전 ~을(를) 향하여
249	像	xiàng	명 형상, 모양 동 마치 ~와 같다
250	鞋	xié	명 신(발)
251	心	xīn	명 심장 / 마음, 생각 / 감정
252	信	xìn	명 신용, 신의, 믿음 / 편지 동 믿다, 신임하다
253	兴	xīng	동 흥성하다, 성행하다
		xìng	명 흥(미), 재미, 취미
254	星	xīng	명 (지구 · 달 · 태양 등 을 제외한) 별 / (연예계 · 스포츠 등의) 스타
255	熊	xióng	명 곰
256	须	xū	동 반드시 ~하여야 한다, 마땅히 ~해야 한다 명 수염
257	需	xū	동 필요로 하다, 요구되다 명 필수품, 수요
258	选	xuǎn	동 고르다, 뽑다, 선택하다

Y

259	牙	yá	명 이, 치아
260	颜	yán	명 얼굴, 얼굴 표정 / 색, 색채
261	阳	yáng	명 태양
262	爷	yé	명 조부
263	业	yè	명 일, 업무 / 학업, 학습 / 직업
264	宜	yí	형 적합하다, 알맞다
265	议	yì	명 의견, 주장 동 의논하다, 토의하다
266	易	yì	형 쉽다, 용이하다, 간편하다 동 교환하다, 교역하다
267	音	yīn	명 음, 소리

268	银	yín	명 은, 은화, 은색
269	饮	yǐn	동 마시다
270	应	yīng	동 응답하다, 대답하다 / 응하다, 허락하다 / 당연히 ~해야 한다
		yìng	동 응답하다, 대답하다 / 순응하다, 적응하다
271	迎	yíng	동 영접하다, 맞이하다
272	用	yòng	동 쓰다, 사용하다 명 쓸모, 용도
273	邮	yóu	동 우편으로 부치다 형 우편(업무)의
274	又	yòu	부 또, 다시
275	于	yú	전 ~에, ~에서 [장소나 시간, 방향이나 대상을 나타냄]
276	育	yù	동 양육하다, 기르다 명동 교육(하다)
277	遇	yù	동 만나다, 상봉하다 / 대접하다, 대우하다 명 기회
278	元	yuán	양 위안 [중국 본위 화폐 단위] 명형 처음(의)
279	园	yuán	명 (채소 · 과목 · 화초 등을 가꾸는) 밭 / (관람 · 오락 등을 위한) 공공 장소
280	愿	yuàn	동 원하다, 바라다 명 염원, 바람
281	越	yuè	부 점점 ~하다 동 뛰어넘다

Z

282	澡	zǎo	동 (몸을) 씻다, 목욕하다
283	择	zé	동 선택하다, 고르다
284	张	zhāng	양 장 [종이 · 책상 · 의자 · 침대 등 넓은 표면을 가진 것을 셀 때 쓰임] 동 열다, 펼치다 / 확대하다, 과장하다
285	丈	zhàng	명 (친족의) 남편
286	照	zhào	동 비치다, 비추다 / (사진 · 영화를) 찍다 전 ~대로, ~에 따라
287	者	zhě	조 자 , 것 [형용사(구) · 동사(구) 뒤에 쓰여 그러한 성질을 가지고 있거나 동작을 하는 사람 · 사물을 가리킴]
288	只	zhī	양 마리 [동물을 셀 때]
		zhǐ	부 단지, 다만, 오직
289	直	zhí	형 곧다, 똑바르다 / 바르다, 공정하다 동 펴다 부 줄곧, 내내
290	终	zhōng	명동 끝(나다), 마감(짓다) 부 결국, 마침내
291	种	zhǒng	명 씨앗, 종자 / 종, 품종, 인종 양 종, 종류
		zhòng	동 (씨를) 뿌리다, (모를) 심다, 기르다
292	周	zhōu	명 주, 주일, 요일 / 주위, 주변, 둘레 형 주도 면밀하다, 세심하다
293	主	zhǔ	명 주인, 소유자 형 가장 주요한, 가장 기본적인

294	注	zhù	동 쏟다, 주입하다 / 기재하다, 등록하다 / (정신 · 힘 등을) 한 곳에 모으다, 집중하다
295	准	zhǔn	동 허락하다, 허가하다 명 표준, 기준, 규격 형 정확하다, 확실하다
296	自	zì	명 자기, 자신 부 몸소, 스스로
297	总	zǒng	동 총괄하다, 종합하다 형 전부의, 전면적인, 전체의 부 늘, 언제나
298	租	zū	동 세내다, 임차하다 / 세놓다, 임대하다
299	足	zú	명 다리 / 발 형 풍요롭다, 충분하다
300	嘴	zuǐ	명 입

4급 중국어 상용한자표(400자)

		A	
1	矮	ǎi	형 (사람의 키가) 작다 / (높이가) 낮다
2	按	àn	동 (손 · 손가락으로) 누르다 전 ~에 따라서, ~에 의해서
3	案	àn	명 (계획 · 방법 · 건의 등을 제출한) 문서 / (법률상의) 사건
		B	
4	败	bài	동 (일이) 실패하다 / 지다, 패배하다
5	扮	bàn	동 (~로) 분장하다 / 역을 맡다
6	棒	bàng	명 막대기, 몽둥이 형 훌륭하다, 좋다
7	保	bǎo	동 보호하다, 지키다 / 유지하다, 보존하다 / 보증하다 명동 보험(에 들다)
8	抱	bào	동 안다, 포옹하다 / (생각 · 의견 등을) 마음에 품다
9	倍	bèi	양 배, 배수 동 갑절로 늘다
10	笨	bèn	형 멍청하다, 우둔하다
11	鼻	bí	명 코
12	毕	bì	동 마치다, 완성하다, 완결하다
13	遍	biàn	양 번, 차례, 회 [동작이 시작되어 끝날 때까지의 전 과정을 말함] 동 보편적으로 ~하다, 널리 퍼져 있다 [주로 동사의 보어로 쓰임]
14	标	biāo	명 표지, 기호 동 (문자 · 사물로) 나타내다, 표시하다
15	饼	bǐng	명 밀가루 · 옥수수 가루 등에 소금 · 기름 · 향료 등을 넣어 지지거나 구워 납작한 것
16	并	bìng	동 (하나로) 합치다, 통합하다 부 같이, 함께 / 결코, 조금도
17	播	bō	동 퍼뜨리다, 전파하다
18	部	bù	명 부분, 부 [어떤 기관의 명칭 또는 기관 · 기업의 업무에 따라 나누어진 단위]
		C	
19	擦	cā	동 문지르다, (천 · 수건 등으로) 닦다 / 비비다, 마찰하다
20	猜	cāi	동 추측하다, 알아맞히다
21	材	cái	명 재목, 재료 / 자료
22	彩	cǎi	명 색깔, 색채
23	餐	cān	명 요리, 식사 동 (음식을) 먹다
24	厕	cè	명 변소
25	察	chá	동 관찰하다, 고찰하다

26	尝	cháng	[동] 맛보다 / 시험해 보다
27	诚	chéng	[명][형] 진심(의), 진실(하다), 성실(하다)
28	乘	chéng	[동] (교통수단 등에) 타다
29	程	chéng	[명] 순서, 과정 / 거리, 노정
30	持	chí	[동] 끝까지 지키다, 지속하다 / 장악하다, 주관하다
31	抽	chōu	[동] 뽑다, 꺼내다 / 빨다, 마시다
32	处	chǔ	[동] 처리하다 / 함께 지내다
		chù	[명] 곳, 장소 / 처 [어떤 기관이나 단체를 가리킴]
33	传	chuán	[동] 전하다, 전수하다 / 전파하다, 퍼뜨리다 / 전염되다
34	窗	chuāng	[명] 창문
35	此	cǐ	[대] 이, 이것 [가까운 사물을 가리키는 지시대사] / 이 때 [시간을 가리키는 대사]
36	粗	cū	[형] (실 · 끈 · 기둥 · 나무줄기 등이) 굵다, (알맹이가) 크다 / 거칠다 / 소홀하다
37	存	cún	[동] 있다, 존재하다, 생존하다 / 보존하다, 저장하다

D

38	袋	dài	[명][양] 부대, 자루 [부대에 넣은 물건을 세는 단위]
39	戴	dài	[동] 착용하다, 쓰다
40	弹	dàn	[명] (대포 · 총 등의) 탄환
		tán	[동] (악기를) 타다, 켜다, 연주하다 [명][형] 탄력(이 있다)
41	刀	dāo	[명] 칼
42	导	dǎo	[동] 인도하다, 이끌다 / 지도하다 / 연출하다 [명] 감독
43	倒	dǎo	[동] (옆으로) 넘어지다, 자빠지다
		dào	[동] (상하 · 전후가) 거꾸로 되다, 뒤집다 / 쏟다
44	登	dēng	[동] (사람이) 오르다, 올라가다 / 기재하다
45	低	dī	[형] 낮다 [동] (머리를) 숙이다
46	底	dǐ	[명] 밑, 바닥 / 말(末), 끝
47	掉	diào	[동] 떨어지다
48	丢	diū	[동] 잃다, 잃어버리다
49	堵	dǔ	[동] 막다, 가로막다, 틀어막다
50	肚	dù	[명] 배, 복부
51	度	dù	[명] (도량형의) 도, 길이 / (온도 · 밀도 · 경도 등의) 도
52	断	duàn	[동] 자르다, 끊다 / 판단하다, 결정하다

53	锻	duàn	동 단조하다
54	队	duì	명 열, 대열 행렬 / 팀

F

55	烦	fán	형 답답하다, 괴롭다 / 번거롭다, 귀찮다
56	反	fǎn	형 반대의, 거꾸로의
57	肥	féi	형 살지다
58	费	fèi	명 비용, 요금, 수수료 동 쓰다, 소비하다
59	份	fèn	양 조각 / 벌, 세트 명 전체 중의 일부분
60	奋	fèn	동 분발하다
61	丰	fēng	형 풍부하다, 풍족하다
62	封	fēng	동 봉하다, 막다, 밀폐하다 명 봉지, 봉투
63	否	fǒu	동 부정하다
64	肤	fū	명 피부
65	符	fú	동 들어맞다, 부합하다 명 부호, 기호
66	福	fú	명 복, 행복
67	父	fù	명 아버지
68	付	fù	동 교부하다, 넘겨주다 / 지불하다, 지출하다
69	负	fù	명동 임무(를 맡다), 책임(지다)
70	富	fù	형 풍부하다, 부유하다

G

71	改	gǎi	동 변하다, 바뀌다 / 개혁하다, 바꾸다
72	赶	gǎn	동 뒤쫓다, 따라가다 / 서두르다, 다그치다
73	敢	gǎn	조동 감히 ~하다
74	钢	gāng	명 강철
75	糕	gāo	명 쌀가루나 밀가루에 다른 재료를 넣어서 찐 떡
76	格	gé	명 격자, 네모 칸 / 표준, 규격 / 품성, 품격
77	各	gè	대 각, 여러
78	功	gōng	명 공로, 공적 / 성과, 업적 / 기술, 솜씨
79	供	gōng	동 공급하다, 제공하다
		gòng	동 (제물을) 바치다 명 공물, 제물
80	购	gòu	동 사다, 구입하다

81	够	gòu	[형] 충분하다, 넉넉하다
82	估	gū	[동] 평가하다, 추측하다
83	卦	guà	[동] 점치다 [명] 점괘
84	观	guān	[동] 보다, 구경하다 [명] 모습, 경치
85	管	guǎn	[명] (원통형의) 관 [동] 관리하다, 책임지다
86	光	guāng	[명] 빛, 광선 / 풍경, 경치 [형] 밝다
87	广	guǎng	[형] 넓다 [동] 넓히다, 확대하다
88	逛	guàng	[동] 돌아다니다, 구경하다
89	规	guī	[명] 규칙, 관례, 규정
			H
90	海	hǎi	[명] 바다, 큰 호수
91	寒	hán	[형] 춥다, 차다
92	汗	hàn	[명] 땀
93	航	háng	[명] 배 [동] (배 · 비행기가) 운항하다, 항행하다
94	合	hé	[동] 합치다, 모으다 / 맞다, 부합하다
95	何	hé	[대] 의문 · 반문을 나타냄
96	盒	hé	[명] 통, 함, 합, 갑 [양] 갑 [작은 상자를 셀 때 쓰임]
97	贺	hè	[동] 경축하다, 축하하다
98	厚	hòu	[형] 두껍다, 두텁다
99	呼	hū	[동] 숨을 내쉬다 / 부르다
100	虎	hǔ	[명] 범, 호랑이
101	互	hù	[부] 서로
102	户	hù	[명][양] 집, 가정, 세대, 호
103	划	huá	[동] (배를) 젓다
		huà	[동] 긋다 / 계획하다
104	怀	huái	[동] (마음 속에) 품다 / 그리워하다 / 임신하다 [명] 품, 가슴 / 마음, 생각
105	悔	huǐ	[동] 뉘우치다, 후회하다
106	活	huó	[동] 살다, 생존하다, 생활하다 [형] 활기차다, 생기 있다
107	货	huò	[명] 돈, 화폐 / 물품, 상품
108	获	huò	[동] 얻다, 획득하다 / 거두어들이다, 수확하다

			J
109	积	jī	동 쌓다, 쌓이다, 축적하다
110	基	jī	형 기초적인, 기본적인 명 기초, 토대
111	激	jī	동 (물결이) 일다, 솟구치다 / (감정이) 격동되다 / (감정을) 자극하다 형 격렬하다, 강렬하다
112	及	jí	동 도달하다, 이르다 접 및, 와, 과
113	即	jí	부 곧, 바로 접 설령 ~하더라도
114	计	jì	동 세다, 계산하다 / 계획하다, 생각하다
115	纪	jì	명 '年'과 결합하여 나이를 나타냄 동 기록하다, 기재하다
116	技	jì	명 기능, 기술, 재능
117	际	jì	명 사이, 상호간 명동 회합(하다), 교제(하다)
118	既	jì	접 ~된 바에야
119	寄	jì	동 우편으로 부치다 / 맡기다, 위탁하다
120	假	jiǎ	명형 거짓(의), 가짜(의) 동 가정하다
		jià	명 휴가, 휴일
121	价	jià	명 값, 가격 / 가치
122	坚	jiān	형 단단하다, (의지가) 굳다
123	减	jiǎn	동 빼다, 줄이다 / 낮아지다, 쇠퇴하다
124	建	jiàn	동 세우다, 설립하다 / 제안하다
125	江	jiāng	명 강
126	将	jiāng	부 장차, 막, 곧 명 장군
127	奖	jiǎng	명 격려 · 표창하기 위하여 주는 영예 · 상장 · 상품 · 상금 등 동 장려하다, 칭찬하다
128	降	jiàng	동 내리다, 떨어지다
129	交	jiāo	동 사귀다 명동 무역(하다), 거래(하다) 부 서로, 상호
130	郊	jiāo	명 교외, 시외
131	饺	jiǎo	명 교자, 만두
132	巾	jīn	명 천 조각, 수건
133	金	jīn	명 돈 / 금속
134	仅	jǐn	부 다만, 단지, ~뿐
135	紧	jǐn	형 (형세가) 긴급하다, 긴박하다

136	尽	jǐn	동 되도록 ~하다
		jìn	동 다 쓰다
137	禁	jìn	동 금지하다 / 감금하다
138	惊	jīng	동 놀라다 / 놀라게 하다
139	精	jīng	형 훌륭하다, 우수하다 명 정신
140	景	jǐng	명 경치, 풍경
141	警	jǐng	명 경찰 [약칭] 동 경고하다 / 경계하다
142	竞	jìng	동 다투다, 경쟁하다
143	竟	jìng	부 결국, 끝내 / 뜻밖에, 의외에
144	镜	jìng	명 거울
145	究	jiū	동 연구하다, 탐구하다 부 결국, 도대체
146	局	jú	명 형세, 형편 / 국 ['部'보다 작고 '处'보다 큰 기관 · 조직 등의 업무 단위의 하나]
147	举	jǔ	동 들어 올리다
148	拒	jù	동 거절하다, 거부하다
149	具	jù	명 기구, 도구
150	剧	jù	명 연극, 극 형 심하다, 격렬하다
151	距	jù	명 거리, 간격
152	聚	jù	동 모이다, 모으다, 집합하다
153	绝	jué	동 끊다, 단절하다 부 절대로, 결코
		K	
154	科	kē	명 과목 / 과 [연구 분야를 분류한 작은 부분]
155	棵	kē	양 그루 [식물을 세는 단위]
156	克	kè	동 극복하다 양 그램(g)
157	肯	kěn	동 승낙하다, 동의하다
158	苦	kǔ	형 쓰다 / 고통스럽다, 괴롭다
159	款	kuǎn	동 초대하다, 대접하다 명 스타일 / 돈, 금액
160	况	kuàng	명 모양, 상태 접 하물며, 더구나
161	困	kùn	형 곤란하다, 곤궁하다 / 졸리다
		L	
162	拉	lā	동 끌다, 당기다
163	辣	là	형 맵다, 얼얼하다 명 매운 맛

164	懒	lǎn	형 게으르다, 나태하다 / 나른하다
165	浪	làng	명 (큰) 물결, 파도 형 방종하다, 방자하다
166	厉	lì	형 엄(격)하다 / 사납다, 세차다
167	丽	lì	형 아름답다, 곱다
168	励	lì	동 격려하다, 고무하다
169	利	lì	형 편(리)하다 / 순조롭다 / 이롭다, 유익하다 명 이익, 이로움 / 이윤, 이자
170	俩	liǎ	두 개, 두 사람
171	连	lián	동 잇다, 연결하다 부 계속하여, 연이어
172	怜	lián	동 불쌍히 여기다, 동정하다 / 사랑하다, 귀여워하다
173	联	lián	동 연결하다, 연합하다
174	炼	liàn	동 정련하다, 단련하다
175	凉	liáng	형 서늘하다, 선선하다, 차갑다
176	量	liáng	동 (길이 · 크기 · 무게 · 넓이 등을) 재다 / 가늠하다
		liàng	명 용량, 한도 / 양 동 가늠하다, 추측하다
177	谅	liàng	동 용서하다, 양해하다
178	列	liè	동 늘어놓다, 배열하다
179	林	lín	명 숲, 수풀
180	零	líng	형 영세하다, 자질구레하다, 소량이다 수 영, 공(0)
181	龄	líng	명 나이, 연령 / 세, 살 / 연수, 연한
182	另	lìng	대 다른, 그 밖의
183	流	liú	동 흐르다 / 퍼지다, 퍼뜨리다 명 흐름, 물결
184	律	lǜ	명 법, 법률 / 규율, 법칙, 규칙
185	虑	lǜ	동 생각하다, 고려하다 / 걱정하다, 염려하다
186	乱	luàn	동 어지럽히다, 혼란시키다 형 어지럽다, 질서가 없다
187	论	lùn	동 논하다, 토론하다 / 말하다, 언급하다
188	落	luò	동 (물체가) 떨어지다 / (해가) 지다 / (시세 · 가격 · 수위 등이) 하락하다, 뒤떨어지다

M

189	麻	má	동 (저리듯이) 얼얼하다, 저리다, 마비되다
190	码	mǎ	명 숫자를 나타내는 부호
191	漫	màn	형 가득하다, 충만하다 / 제한 없다, 끝없다
192	毛	máo	명 (동식물의) 털, 깃

193	美	měi	형 아름답다, 곱다 명 미국
194	梦	mèng	명 꿈 / 헛된 생각, 환상, 공상 동 꿈꾸다, 공상하다
195	迷	mí	동 헷갈리다, 갈피를 잡지 못하다 / 미혹시키다 명 애호가, 광(狂)
196	密	mì	형 빽빽하다, 조밀하다 / 친하다, 친밀하다 명형 비밀(의)
197	免	miǎn	동 피하다, 모면하다, 면제하다
198	秒	miǎo	양 초 [시간의 단위]
199	民	mín	명 백성, 국민 / 어떤 직업에 종사하는 사람
200	命	mìng	명 생명, 목숨 / 수명 동 명령하다, 지시하다
201	母	mǔ	명 어머니, 모친

N

202	耐	nài	동 참다, 견디다, 버티다
203	恼	nǎo	동 화내다, 성내다 / 고민하다, 번민하다
204	闹	nào	형 떠들썩하다, 시끄럽다 동 떠들다, 소란을 피우다
205	内	nèi	명 안, 안쪽, 내부
206	弄	nòng	동 가지고 놀다, 만지다 / 하다, 행하다
207	暖	nuǎn	형 따뜻하다, 온화하다 동 따뜻하게 하다, 데우다

P

208	排	pái	동 차례로 놓다, 배열하다 명 (배열한) 줄, 열
209	牌	pái	명 간판, 상표
210	判	pàn	동 판단하다, 분별하다 / 판결하다, 선고하다
211	陪	péi	동 모시다, 동반하다 / 곁에서 도와주다, 시중들다
212	批	pī	동 비평하다, 비판하다
213	啤	pí	명 맥주
214	篇	piān	명 완결한 문장 / (장 · 절 · 편 등으로 나눈 문장에서의) 편 양 편 [일정한 형식을 갖춘 문장을 세는 단위]
215	骗	piàn	동 속이다, 기만하다
216	聘	pìn	동 초빙하다
217	评	píng	명동 논평(하다), 비평(하다) / 판정(하다), 심사(하다)
218	瓶	píng	명양 병
219	泼	pō	동 물을 뿌리다 형 활발하다, 세차다
220	破	pò	동 깨다, 부수다, 타파하다 / 소비하다
221	普	pǔ	형부 보편적(으로)

Q			
222	弃	qì	동 버리다, 포기하다
223	签	qiān	동 서명하다, 사인하다
224	歉	qiàn	형 미안해하다, 유감이다 / 수확이 좋지 않다
225	敲	qiāo	동 두드리다, 치다 / 탐구하다
226	桥	qiáo	명 다리, 교량
227	巧	qiǎo	형 교묘하다, 솜씨가 있다 / 공교롭다
228	切	qiē	동 끊다, 자르다, 썰다
		qiè	형 친밀하다 / 절실하다 명 모두, 온통, 전부
229	亲	qīn	명 부모, 어버이 / 친족, 친척 형 친하다, 가깝다, 사이 좋다 동 사랑하다 부 친히, 몸소
230	琴	qín	명 풍금 · 피아노 · 바이올린 · 하모니카 등의 악기 통칭
231	穷	qióng	형 가난하다, 궁하다
232	区	qū	명 구별, 분별 / 지역, 지구 동 나누다, 구분하다, 구별하다
233	取	qǔ	동 가지다, 찾다, 받다 / 얻다, 손에 넣다 / 고르다, 선발하다
234	全	quán	형 완전하다, 완비하다 / 전체의, 모든
235	泉	quán	명 샘(물)
236	缺	quē	동 모자라다 / 결석하다
237	却	què	부 그러나, 도리어 동 ~해 버리다 [다른 동사 뒤에 보어로 쓰여 동작의 완성이나 강조를 나타냄]
238	确	què	형 진실하다, 확실하다 부 확실히, 틀림없이
239	裙	qún	명 치마, 스커트
R			
240	扰	rǎo	동 교란하다, 어지럽히다 / 폐를 끼치다
241	任	rèn	동 맡다, 담당하다 / 신임하다, 신뢰하다 명 임무, 직무
242	扔	rēng	동 던지다
243	仍	réng	동 (그대로) 따르다, 인습하다 부 아직도, 여전히
244	入	rù	동 들다, 들어오다 명 수입
S			
245	散	sǎn	동 느슨해지다, 흩어지다
		sàn	동 흩어지다, 분산하다
246	森	sēn	명 숲, 수풀 형 어둡고 으스스한 모양 / 엄중한 모양

247	沙	shā	명 모래
248	伤	shāng	명 상처 동 상하다, 다치다, 해롭다
249	稍	shāo	부 약간, 조금 / 잠시, 잠깐
250	勺	sháo	명 국자, 주걱
251	折	shé	동 끊어지다, 꺾어지다
		zhé	동 꺾다 / 구부리다 / 깎다, 할인하다
252	社	shè	명 조직체, 단체, 조합
253	申	shēn	동 설명하다, 진술하다
254	深	shēn	형 깊다 / 심오하다 / (감정이) 두텁다 명 깊이, 심도
255	甚	shèn	동 더하다, 능가하다 형 지나치다, 심하다
256	省	shěng	동 아끼다, 절약하다 / 빼다, 생략하다
257	剩	shèng	동 남다 명 벌이, 이익, 나머지
258	失	shī	동 잃다, 놓치다 / 실수하다, 잘못하다
259	使	shǐ	동 쓰다, 사용하다 / ~에게 ~하게 하다
260	士	shì	명 병사, 군인 / 전문적인 기술 · 자격을 갖춘 사람
261	示	shì	동 나타내다, 보이다, 가리키다, 알리다
262	式	shì	명 식, 양식 / 격식, 형식
263	适	shì	형 적합하다, 알맞다 / 편하다, 편안하다
264	释	shì	동 해석하다, 설명하다 / 놓다 / 석방하다
265	收	shōu	동 거두다, 간수하다 / 되찾다, 회수하다 명동 수확(하다)
266	首	shǒu	명 머리 / 우두머리, 지도자 형 최초의, 처음의 양 (시(诗) · 사(词) · 노래 등의) 수
267	受	shòu	동 받다, 받아들이다 / (고통 · 손해 등을) 입다 / 참다, 견디다
268	授	shòu	동 주다, 수여하다 / 가르치다, 전수하다
269	售	shòu	동 팔다
270	输	shū	동 나르다, 운송하다 / (지식 · 사상 등을) 주입하다 / (승부에서) 지다, 패하다
271	暑	shǔ	형 덥다 명 더위
272	术	shù	명 기술, 기예 / 방법, 수단
273	帅	shuài	형 멋지다, 스마트하다 명 군대의 최고 지휘관 동 통솔하다, 인솔하다
274	顺	shùn	동 같은 방향으로 향하다 / 순서대로 하다 / 순종하다 전 겸해서, ~하는 김에
275	死	sǐ	동 죽다 / (생각 · 바람 등을) 그만하다 형 ~해 죽겠다
276	松	sōng	명 소나무 형 느슨하다 동 늦추다, 느슨하게 하다

277	速	sù	명 속도 형 빠르다, 신속하다
278	酸	suān	형 (맛 · 냄새 등이) 시다, 시큼하다 / 몸이 시큰시큰하다
279	随	suí	동 (~의 뒤를) 따르다 / 맡기다, 마음대로 하게 하다 / ~에 딸려있다
280	孙	sūn	명 손자, (손자 이후의) 후손

T

281	台	tái	명 누대, 무대, 받침대 / 방송국 양 대, 편, 회 [기계나 공연의 횟수를 세는 단위]
282	抬	tái	동 들다, 들어올리다 / (가격을) 올리다, 인상하다
283	态	tài	명 모양, 상태 / 태도, 모습
284	谈	tán	동 말하다, 토론하다 명 언론, 담화, 이야기
285	汤	tāng	명 탕, 국
286	糖	táng	명 설탕의 총칭 / 사탕, 캔디 등 당류
287	躺	tǎng	동 (옆으로) 드러눕다
288	趟	tàng	양 차례, 번 [사람이나 차의 왕래하는 횟수를 세는 단위]
289	讨	tǎo	동 토론하다, 연구하다 / 비난하다, 책망하다
290	填	tián	동 채우다, 메우다 / 기입하다
291	厅	tīng	명 홀, 큰방, 청 [부서 단위]
292	停	tíng	동 멈추다, 정지하다, 서다 / 머물다, 묵다
293	挺	tǐng	부 매우, 아주, 대단히 형 꼿꼿하다, 굳고 곧다 동 곧게 펴다
294	通	tōng	동 통하다, 뚫리다 / 상통하다 / 교류하다 형 일반적인, 보통의
295	童	tóng	명 어린이, 아이, 아동
296	桶	tǒng	명 (물건을 담는) 통 양 통 [통으로 된 물건을 세는 단위]
297	推	tuī	동 밀다 / (기계로 밀어) 깎다 / 연기하다, 미루다
298	脱	tuō	동 벗다, 제거하다 / 이탈하다, 벗어나다

W

299	碗	wǎn	명 공기, 사발, 그릇 양 그릇을 세는 단위
300	危	wēi	명 위험 형 위험하다, 위태롭다 동 위태롭게 하다, 해치다
301	微	wēi	형 작다, 적다 / 미약하다, 경미하다
302	围	wéi	동 둘러싸다, 에워싸다 명 둘레, 주위, 사방
303	卫	wèi	동 지키다, 보위하다
304	味	wèi	명 맛 / 냄새
305	温	wēn	형 따뜻하다 / 온화하다 동 데우다 명 온도

306	无	wú	동 없다 접 ~을 막론하고
307	误	wù	동 틀리다, 잘못되다 / 늦어지다, 지체하다 명 실수, 잘못

X

308	吸	xī	동 들이마시다 / 흡수하다 / 끌어당기다
309	惜	xī	동 소중히 여기다, 아끼다 / 유감스럽게 여기다
310	细	xì	형 가늘다, 좁다 / 상세하다, 세밀하다 / 사소하다, 미세하다
311	咸	xián	형 (맛이) 짜다, 소금기가 있다
312	险	xiǎn	명형 위험(하다)
313	线	xiàn	명 실, 선, 줄 / 교통 노선 양 줄 , 올 [줄기 · 가닥 등을 세는 단위]
314	详	xiáng	형 상세하다, 세밀하다
315	象	xiàng	명 코끼리 / 형상, 형태, 모양
316	消	xiāo	동 사라지다, 소실되다 명 소식, 편지
317	效	xiào	명 효과, 성과, 효능
318	辛	xīn	형 맵다 / 괴롭다, 고생스럽다
319	醒	xǐng	동 (잠 · 취기 · 마취 등에서) 깨다 / 깨닫다, 각성하다
320	幸	xìng	명 행복, 행운 부 다행히, 요행으로
321	性	xìng	명 성격, 본성 / (물질의) 성질, 성능 / 성별
322	修	xiū	동 수리하다 / 장식하다
323	羞	xiū	형 수줍다, 부끄럽다 동 부끄럽게 하다
324	秀	xiù	형 우수하다 / 아름답다 명 수재
325	许	xǔ	동 허가하다, 허락하다 부 아마도, 혹시

Y

326	压	yā	동 압력을 가하다, 누르다 명 압력
327	亚	yà	명 '亚洲(아시아 주)'의 준말
328	呀	yā	감 아! 야! [놀람을 나타냄]
		ya	조 어세를 돕기 위해 문장 끝에 사용하는 어기 조사
329	烟	yān	명 연기 / 담배
330	严	yán	형 엄하다, 엄격하다 / 심하다, 모질다
331	言	yán	명 말, 언어, 이야기 동 말하다, 이야기하다
332	研	yán	동 연구하다, 탐구하다
333	盐	yán	명 소금

334	演	yǎn	동 공연하다, 연기하다 / 발전하다, 진화하다 / 상세히 설명하다
335	厌	yàn	동 싫어하다, 미워하다 / 물리다, 싫증나다
336	验	yàn	동 검증하다 / 조사하다, 검사하다
337	扬	yáng	동 높이 들다, 휘날리다 / 칭찬하다
338	洋	yáng	명 큰 바다 명형 외국(의)
339	养	yǎng	동 기르다, 양육하다, 사육하다 / 양성하다 / 요양하다 명 영양, 자양
340	叶	yè	명 (초목의) 잎
341	页	yè	명 (책 · 장부 등의) 쪽, 페이지
342	姨	yí	명 이모
343	疑	yí	동 의심하다, 믿지 않다
344	艺	yì	명 기술, 기예 / 예술, 예능
345	忆	yì	동 기억하다 / 회상하다
346	引	yǐn	동 끌다, 잡아당기다 / 야기하다, 초래하다 / 인용하다
347	印	yìn	명 도장, 인장 / 흔적, 자국 동 찍다, 인쇄하다
348	赢	yíng	동 이기다 명동 이익(을 보다)
349	永	yǒng	형 길다, 오래다 부 영원히, 언제까지나
350	勇	yǒng	명형 용감(하다), 용기(가 있다)
351	优	yōu	형 뛰어나다, 훌륭하다 동 우대하다
352	尤	yóu	부 더욱이, 특히
353	由	yóu	명 원인, 이유, 유래 동 복종하다, 따르다
354	油	yóu	명 기름
355	愉	yú	형 유쾌하다, 즐겁다, 기쁘다
356	与	yǔ	전접 ~와(과)
		yù	동 참여하다, 참가하다
357	羽	yǔ	명 깃털
358	预	yù	부 미리, 사전에 동 참가하다, 참여하다
359	原	yuán	명형 원래(의), 본래(의) 형 최초의, 시초의 명 평원, 벌판, 들판
360	约	yuē	동 약속하다 명 약속, 계약, 협정 부 약, 대략
361	阅	yuè	동 읽다, 보다, 열람하다 / 조사하다, 검열하다
362	云	yún	명 구름
363	允	yǔn	동 허가하다, 승낙하다

Z

364	杂	zá	[형] 잡다하다, 각양각색이다
365	咱	zán	[대] 우리(들)
366	暂	zàn	[형] (시간이) 짧다 [부] 잠시, 잠깐
367	脏	zāng	[형] 더럽다, 불결하다 [동] 더럽히다
368	则	zé	[명] 규범, 규칙 [접] ~하자 ~하다 [두 일이 시간적으로 이어져 진행됨]
369	责	zé	[명] 책임 [동] 책임 지우다 / 나무라다
370	增	zēng	[동] 늘다, 증가하다
371	展	zhǎn	[동] 펴다, 펼치다, 전개하다 [명][동] 전람(하다), 전시(하다)
372	占	zhàn	[동] 차지하다, 점령하다
373	章	zhāng	[명] 문장 [양] (가곡 · 시문 · 문장 등의) 단락
374	招	zhāo	[동] 손짓하다, (손을) 흔들다 / 모집하다, 불러모으다
375	针	zhēn	[명] 바늘 (모양의 물건) / 주사 [양] 대, 바늘, 코 [주사의 횟수 · 바늘의 땀 · 뜨개질의 코 등을 세는 단위]
376	争	zhēng	[동] 다투다, 경쟁하다, 논쟁하다
377	整	zhěng	[형] 완전하다, 온전하다
378	证	zhèng	[동] 증명하다 [명] 증거, 증명서
379	之	zhī	[조] ~의 [종속 관계를 나타냄]
380	支	zhī	[동] 지지하다, 지탱하다 / 지불하다 [양] 자루, 개피 [가늘고 긴 물건을 세는 단위]
381	汁	zhī	[명] 즙, 즙 액
382	值	zhí	[명] 가치, 값 [동] ~할 가치가 있다 / 당번이 돌아오다
383	职	zhí	[명] 직무, 직책 / 직위 / 직원(职员)의 준말
384	植	zhí	[동] 심다, 재배하다 [명] 식물
385	止	zhǐ	[동] 정지하다, 멈추다 / 저지하다, 정지시키다
386	址	zhǐ	[명] 위치, 지점, 소재지
387	指	zhǐ	[명] 손가락 [동] 가리키다, 지시하다
388	至	zhì	[동] 이르다, ~까지 도달하다 [부] 제일, 지극히
389	质	zhì	[명] 성질 / 품질 / 물질
390	众	zhòng	[형] 많다 [명] 많은 사람
391	洲	zhōu	[명] 주 [대륙을 나눈 명칭]
392	祝	zhù	[동] 기원하다, 바라다, 축하하다

393	著	zhù	형 현저하다, 분명하다 명동 저작(하다), 저술(하다)
394	专	zhuān	형 전문적이다 부 전문적으로, 오로지
395	转	zhuǎn	동 바뀌다, 전환하다, (몸 등을) 돌리다 / (중간에서) 전하다, 송달하다
		zhuàn	동 돌다
396	赚	zhuàn	동 돈을 벌다, 이윤을 보다
397	资	zī	명 자원, 재물 / 금전, 비용
398	仔	zǐ	형 (가축 등이) 어린, 작은 / 자세하다, 세밀하다
399	族	zú	명 가족, 일족, 종족
400	座	zuò	명 자리, 좌석 양 좌, 동, 채 [비교적 크거나 고정된 물체를 세는 단위]

MEMO

MEMO